Mark Twain

Tom Sawyers Abenteuer

Mit Illustrationen von Heiner Rothfuchs

AF179032

Hase und Igel®

Zur ungekürzten Ausgabe dieses Buches (ISBN 978-3-86760-057-6)
gibt es ausführliches Begleitmaterial beim Hase und Igel Verlag,
das auch zu dieser Ausgabe eingesetzt werden kann.

Dieses Buch ist eine gekürzte, in größerer Schrift
gesetzte Fassung des gleichnamigen Titels, der 2006 im
Hase und Igel Verlag erschienen ist und von Christian Somnitz
übersetzt und bearbeitet wurde.

© 2019 Hase und Igel Verlag GmbH, Frei-Otto-Straße 18,
80797 München, service@hase-und-igel.de
www.hase-und-igel.de
Lektorat: Patrik Eis
Druck: CPI books GmbH, Leck

ISBN 978-3-86760-288-4
3. Auflage 2025

Inhalt

1. Kapitel: Tom, das „schwarze Schaf"

„Tom!" Keine Antwort. „Wo steckt der Junge denn schon wieder?" Tante Polly spähte über die Gläser ihrer Brille hinweg. Dann stocherte sie mit einem Besenstiel unter dem Bett herum. Aber auch hier fand sie nichts außer  der Katze. Sie ging zur offenen Tür und ließ den Blick durch den Garten schweifen. Tom war nirgendwo zu sehen. Also rief sie noch einmal laut: „Hallo? Tom?!?"

Hinter ihr war ein leises Geräusch zu hören. Tante Polly drehte sich um – und erwischte den Jungen am Hemdzipfel. „Hab ich dich! An die Speisekammer hätte ich auch sofort denken können. Was hast du da drin gemacht?"

„Nichts."

„Und was ist das da an deinem Mund?"

„Ich weiß es nicht, Tante."

„Aber ich weiß es! Das ist Marmelade! Gib mir die Rute!"

Die Rute schwebte bereits in der Luft. Toms Lage schien verzweifelt. „Da!", rief er. „Hinter dir, Tante!"

Die alte Dame wirbelte herum – und schon war Tom geflüchtet.

Tante Polly stand starr vor Staunen da. Dann brach sie in gutmütiges Lachen aus. ‚Er ist nun mal der Sohn meiner verstorbenen Schwester', dachte sie. ‚Jetzt schwänzt er wieder die Schule. Zur Strafe muss ich ihn am Samstag arbeiten lassen. Dabei fällt mir das so schwer ...'

Tom schwänzte wirklich die Schule. Abends kam er gerade noch rechtzeitig nach Hause, um mit dem Sklaven Jim das Brennholz für den nächsten Tag zu spalten. Toms jüngerer Halbbruder Sidney, ein braver Junge, musste die Späne aufsammeln.

Beim Abendessen fragte Tante Polly: „Tom, war es heute warm in der Schule?"

„Ja, sehr, Tante."

„Wärst du da nicht gerne schwimmen gegangen?"

Tom sah Tante Polly forschend an. Dann antwortete er: „Nein, Tante. Aber ich habe den Kopf unter die Wasserpumpe gehalten. Meine Haare sind noch immer feucht."

Schon hatte Tante Polly eine neue Idee: „Musstest du deinen Hemdkragen lösen, um den Kopf unter die Pumpe zu halten? – Mach doch mal deine Jacke auf!"

Ruhig öffnete Tom seine Jacke. Ein sauber angenähter Hemdkragen war zu sehen.

„Na, so was!", wunderte sich Tante Polly. „Ich war mir ganz sicher. Aber diesmal habe ich dir wohl unrecht getan."

Doch in diesem Augenblick sagte Sid: „Tante Polly, hast du Toms Kragen nicht mit weißem Zwirn angenäht? Der hier ist schwarz ..."

„Ja, so war's! ... Tom?!?", rief Tante Polly.

Tom war schon an der Tür, als er sagte: „Sid, das zahl ich dir heim!"

In einem sicheren Versteck prüfte Tom die Nähnadeln, die in seinem Jackenaufschlag steckten. In die eine war schwarzer, in die andere weißer Zwirn eingefädelt.

„Sie hätte es nie gemerkt!", murmelte er. „Aber ich werde mich an Sid rächen, so wahr ich Tom Sawyer heiße!"

2. Kapitel: Der Malermeister

Der Samstagmorgen brach an. Es war ein strahlender Sommertag. Jedem war danach zumute, zu singen und zu lachen.

Tom erschien mit einem großen Eimer voll Farbe und einem Pinsel. Er betrachtete den riesigen Gartenzaun und alle Freude wich von ihm. Den ganzen Zaun musste er streichen! Das war Tante Pollys Strafe für seine Lüge.

Seufzend tauchte Tom den Pinsel ein und fuhr mit ihm über die oberste Latte. Dann setzte er sich entmutigt auf einen Baumstumpf.

In diesem Moment kam der Sklavenjunge Jim hüpfend mit zwei Blecheimern durch das Gartentor.

„Hör zu, Jim! Ich gehe für dich Wasser holen, wenn du hier ein bisschen streichst", schlug Tom vor.

Aber Jim schüttelte energisch den Kopf.

„Das geht nicht, Master Tom. Die alte Lady hat gesagt, ich soll mich gefälligst um meine eigene Arbeit kümmern."

„Ach, mach dir keine Sorgen, so redet sie doch immer. Sie wird es ja nie erfahren ... Ich schenke dir auch eine Glasmurmel!"

Jim begann zu schwanken. „Oh, die ist wirklich wunderschön! Aber, Master Tom, ich habe so Angst vor der alten Lady."

Schließlich war die Versuchung zu groß. Jim setzte die Eimer ab, griff nach der Murmel und ... – Keine Minute später rannte er mit den Eimern die Straße hinunter, während Tom eifrig den Pinsel schwang. Was war geschehen? Triumphierend zog sich Tante Polly zurück, einen Pantoffel noch immer drohend durch die Luft wirbelnd.

Allerdings hielt Toms Arbeitseifer nicht lange an. Die anderen Jungen würden bald hier vorbeischlendern und ihn verspotten. Allein der Gedanke daran brannte wie Feuer. Tom kramte hervor, was er in seinen Taschen hatte. Aber das ganze Zeug reichte nicht, um sich eine halbe Stunde Freiheit zu erkaufen. Seufzend steckte Tom alles in seine Taschen zurück. Da hatte er plötzlich einen grandiosen Einfall ...

Er nahm den Pinsel wieder auf und machte sich geduldig an die Arbeit. Kurze Zeit später kam Ben Rogers in Sichtweite. Er hüpfte ausgelassen herum und aß einen saftigen Apfel. Als er Tom sah, blieb er stehen und schaute eine Zeit lang zu. Dann sagte er spöttisch: „Strafarbeit, oder?"

Tom antwortete nicht. Sorgfältig begutachtete er seinen letzten Pinselstrich.

Ben kam neugierig näher. „Hallo, Kumpel!", versuchte er es nochmals.

„Ach, Ben! Hab dich gar nicht bemerkt."

„Du, hör mal, ich geh schwimmen. Aber du musst ja leider arbeiten."

Tom betrachtete ihn und tat verwundert: „Wovon redest du?"

„Ist das etwa keine Arbeit?"

Tom antwortete lässig: „Vielleicht. Auf jeden Fall macht es mir großen Spaß. Man hat nicht jeden Tag Gelegenheit, so einen Zaun zu streichen." Er trat einen Schritt zurück, um sein Werk zu begutachten. Hier und da ergänzte er noch etwas Farbe.

Toms Begeisterung ließ die Sache in einem anderen Licht erscheinen. Ben beobachtete ihn fasziniert. Schließlich fragte er: „Du, Tom, darf ich auch mal streichen?"

Tom überlegte lange. „Ich fürchte, es geht nicht, Ben", antwortete er schließlich und zuckte bedauernd die Schultern. „Weißt du, Tante Polly ist schrecklich genau, was diesen Zaun betrifft."

„Wirklich? Komm schon, Tom! Lass es mich wenigstens mal versuchen. Ich geb dir auch meinen Apfel dafür."

„Naaaaa gut!" Scheinbar widerwillig, insgeheim jedoch voller Freude reichte Tom Ben den Pinsel. Während dieser arbeitete, saß Künstler Tom im Schatten und aß genüsslich den Apfel.

Es blieb nicht bei einem gutgläubigen Opfer. Alle kamen heran, um zu spotten – und blieben, um zu malen. Und sie bezahlten sogar noch dafür.

Am Nachmittag war Tom ein reicher Junge. Außer einem Drachen und einer toten Ratte besaß er nun unter anderem zwölf Murmeln, eine Maultrommel, ein Blasrohr, einen Zinnsoldaten, ein paar Kaulquappen, sechs Knallfrösche und ein einäugiges Kätzchen.

Tom hatte ausgiebig gefaulenzt und dabei stets angenehme Gesellschaft gehabt. Vor allem aber: Der Zaun war äußerst sorgfältig dreifach gestrichen! Wenn Tom nicht die Farbe ausgegangen wäre, hätte er sämtliche Jungen des Städtchens in den Ruin getrieben.

3. Kapitel: Die unbekannte Schöne

Tom ging hinein zu Tante Polly, die über ihrer Strickarbeit eingenickt war. „Kann ich jetzt spielen gehen, Tante?"

„Wie? Bist du schon fertig? Wie viel hast du denn geschafft?"

„Es ist alles gestrichen, Tante."

Tante Polly glaubte ihm kein Wort. Sie ging hinaus. Als sie nun sah, dass der gesamte Zaun ordentlich gestrichen war, war sie fast sprachlos vor Überraschung. „Das hätte ich nicht gedacht!", rief sie. „Kein Zweifel: Du kannst arbeiten, wenn du nur willst, Tom." Doch dann fügte sie hinzu: „Aber es ist ausgesprochen selten, dass du willst ..."

Tante Polly war so überwältigt von Toms Leistung, dass sie in der Speisekammer einen besonders schönen Apfel für ihn aussuchte. Tom stibitzte währenddessen hinter ihrem Rücken ein Stück Kuchen.

Als Tom aus dem Haus lief, traf er auf Sid. Schon flogen dicke Erdklumpen durch die Luft. Noch bevor Tante Polly zu Hilfe eilen konnte, hatten sechs oder sieben von ihnen ihr Ziel erreicht. Sehr zufrieden damit, dass er sich an Sid gerächt hatte, floh Tom über den frisch gestrichenen Zaun.

Er lief in den Ortskern, wo er sich mit seinem besten Freund Joe Harper verabredet hatte. Gemeinsam verbrachten sie einen wundervollen Nachmittag.

Als Tom auf dem Heimweg an dem Haus von Jeff Thatcher vorbeikam, sah er im Garten ein unbekanntes Mädchen: ein hübsches Geschöpf mit blondem Haar, das in zwei Zöpfe geflochten war. Die Unbekannte trug ein weißes Sommerkleid und verzierte Sandalen. In diesem Moment verschwand eine gewisse Amy Lawrence, für die Tom monatelang geschwärmt hatte, blitzschnell aus seinem Herzen.

Tom himmelte die fremde Schönheit an – bis er sah, dass auch sie ihn bemerkt hatte. Da tat er so, als würde er sie gar nicht wahrnehmen. Zugleich fing er an, sich auf alle möglichen Arten vor ihr aufzuspielen. Mitten in einer akrobatischen Vorführung sah er aus dem Augenwinkel, dass das Mädchen auf das Haus zuging.

Tom seufzte tief, aber dann hellte sich sein Gesicht auf: Das Mädchen hatte ein Stiefmütterchen über den Zaun geworfen. Tom hob es auf und befestigte es an seiner Jacke. Nun trug er es am Herzen ...

Während des Abendbrots war Tom gut gelaunt. Er ließ eine gewaltige Standpauke über sich ergehen, weil er Sid mit Dreck beworfen hatte. Als er versuchte, ein paar Zuckerstückchen zu stibitzen, bekam er einen Klaps auf die Finger. Sofort beschwerte er sich: „Sid wird nie geschlagen, wenn er das macht, Tante."

„Nun ja, Sid ist auch nicht so unverbesserlich wie du", erwiderte Tante Polly und ging in die Küche. Sid streckte augenblicklich die Hand nach der Zuckerdose aus. Doch die Dose entglitt ihm, fiel herunter und zerbrach.

Tom konnte sich kaum zurückhalten, als die alte Dame zurückkam. ‚Jetzt kommt's!', freute er sich. Im nächsten Augenblick aber lag er auf dem Boden und Tante Pollys strafende Hand erhob sich zu noch einem Schlag.

„Hör auf! Warum schlägst du mich?", schrie Tom. „Sid hat die Dose zerbrochen!"

Tante Polly hörte verblüfft auf. Dann sagte sie jedoch nur: „Nun ja, du hast genug Streiche gemacht, von denen ich nichts weiß." Dennoch hätte sie gerne etwas Freundliches zu Tom gesagt. Aber sie wollte auch nicht zugeben, dass sie einen Fehler gemacht hatte. So schwieg Tante Polly und ging ihrer Arbeit nach.

Tom schmollte währenddessen in einer Ecke und übertrieb dabei gewaltig seine Klagen. Er wusste, dass seine Tante die ungerechte Bestrafung längst bereute. Das erfüllte ihn mit einer grimmigen Befriedigung und er ließ kein Zeichen der Versöhnung erkennen.

In diesem Augenblick platzte Toms Cousine Mary ins Zimmer. Sie war überglücklich, nach einem Besuch auf dem Land wieder zu Hause zu sein. Tom konnte ihre Fröhlichkeit nicht ertragen und verließ das Haus.

Am Ufer des Mississippi holte er die Blume hervor, die das fremde Mädchen ihm zugeworfen hatte. Voller Selbstmitleid betrachtete er sie.

4. Kapitel: Selig sind die Ahnungslosen

Am Sonntag strahlte die Sonne freundlich auf das Städtchen herab. Nach dem Frühstück machte sich Tom daran, seine Bibelverse auswendig zu lernen. Er hatte sich etwas aus der Bergpredigt ausgesucht. Kürzere Verse hatte er nicht gefunden ...

Nach einer halben Stunde nahm seine Cousine Mary die Bibel, um ihn abzuhören.

„Selig sind die ... die ...“, stotterte Tom.

„Armen“, half Mary nach.

„Ach, richtig, *die Armen. Selig sind die Armen ... äh ...“*

„... im Geiste.“

„... im Geiste“, wiederholte Tom. *„Selig sind die Armen im Geiste, denn sie ... sie ...“*

„... ihnen“, verbesserte ihn Mary.

„... denn ihnen, ach ja! *Selig sind die Armen im Geiste, denn ihnen gehört das Himmelreich. Selig sind die Trauernden, denn sie ... sie ...“*

„... *s-s-s*", half Mary wieder.

„*Denn s-s-s* ... noch mal: *sie?* Ach, ich hab keine Ahnung", verzweifelte Tom. „Mary, sag's mir doch! Sei nicht so gemein!"

„Aber Tom, ich bin nicht gemein. Du musst dir die Verse besser einprägen. Wenn du sie kannst, bekommst du von mir auch etwas ganz Schönes."

„Na gut. Was kriege ich denn, Mary?"

„Das verrate ich nicht, Tom. Aber glaub mir: Es ist etwas Großartiges."

Von Neugier angespornt schaffte Tom es tatsächlich, die Verse zu lernen. Mary hielt Wort: Sie schenkte ihm ein Taschenmesser. Tom war begeistert.

Er ritzte gleich ein paar Kerben in den Schrank. Dann musste er sich für die Sonntagsschule fertig machen.

An der Kirchentür wandte sich Tom kurz zu einem Jungen um. „Sag mal, Bill, hast du einen gelben Zettel?"

„Ja."

„Was willst du dafür haben?" Tom zeigte Bill ein paar Süßigkeiten und einen Angelhaken. Der Handel wurde abgeschlossen.

Einige Minuten lang fing Tom alle Jungen ab, die zur Kirche eilten. Auf diese Weise kaufte er sich die begehrten bunten Fleißzettel. Erst dann betrat er die Kirche. Er ging zu seinem Platz und fing sofort mit dem Jungen neben ihm einen Streit an.

Der Lehrer fuhr dazwischen. Aber kaum hatte er sich umgedreht, zog Tom einem anderen Jungen an den Haaren. Und er war nicht der Einzige, der dummes Zeug machte: Die ganze Klasse war laut und frech.

Als die Schüler ihre Verse aufsagen sollten, konnte sie nicht einer von ihnen richtig vortragen. Alle mussten sich vorsagen lassen. Dennoch erhielten sie zur Belohnung blaue Fleißzettel. Für zehn dieser blauen bekam man einen roten, zehn rote entsprachen einem gelben und für zehn gelbe Zettel schenkte der Pfarrer dem Schüler eine Bibel. Das hielt er für einen guten Ansporn.

Die Überreichung der Bibel war ein seltenes Ereignis. Tom hatte sich bisher nie für eine dieser Bibeln interessiert. Wohl aber für das große Trara, das um die Preisträger gemacht wurde.

Inzwischen hatte sich Mr Walter, der Pfarrer, erhoben. „Nun, meine lieben Kinder", begann er. „Setzt euch schön still und gerade hin und hört ganz genau zu. Ja, so ist's recht. Ich möchte euch sagen, wie wohl es mir tut, so viele freundliche Gesichtchen

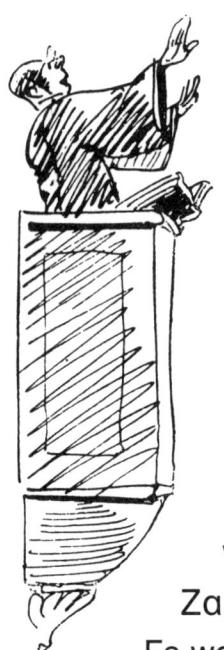

an einem Ort wie diesem versammelt zu sehen, um zu lernen und um Gutes zu tun …"

Und so weiter. Es ist nicht nötig, die ganze Predigt zu kennen. Sie verlief nach dem üblichen Muster.

Das letzte Drittel der Predigt wurde gestört, weil wieder ein allgemeines Zappeln und Flüstern aufkam. Es waren nämlich Gäste erschienen: Rechtsanwalt Thatcher, begleitet von einem stattlichen Mann mit grauem Haar und einer würdevollen Dame, die offensichtlich seine Frau war.

Die Dame hatte ein Mädchen an der Hand – und zwar das hübsche Mädchen, das Tom am Abend zuvor das Stiefmütterchen zugeworfen hatte! Toms Herz stand sofort wieder in Flammen.

24

Sobald Mr Walter seine Predigt beendet hatte, stellte er den Schülern die Besucher vor. Der Mann mit dem grauen Haar war der Bruder des örtlichen Anwalts und Richter des Landkreises, also ein weit gereister Mann!

Nur zu gern hätte der Pfarrer jetzt einen Bibel-Preis vergeben. Doch es hatte wohl niemand genug Fleißzettel. Da kam Tom Sawyer nach vorn. Mr Walter traute seinen Augen nicht, aber: Tom konnte tatsächlich die 28 Fleißzettel vorweisen!

Tom durfte auf einen erhöhten Platz neben dem Richter. Die anderen Jungen zerfraß fast der Neid. Vielen wurde erst jetzt klar, dass sie selbst zu Toms un- verdientem Ruhm beigetragen hatten. Sie hatten ihm nicht nur ihre Fleißzettel verkauft, sondern ihm auch noch zu den Tauschwaren verholfen. Mit ihnen hatten sie sich die Erlaubnis erkauft, Tante Pollys Gartenzaun zu streichen.

Der Pfarrer spürte, dass irgendetwas an der Sache faul war. Es war einfach undenkbar, dass ausgerechnet dieser Bengel so viele Fleißzettel erworben hatte!

Amy Lawrence, Toms früherer Schwarm, war stolz auf „ihren" Tom. Doch er schaute nicht ein einziges Mal zu ihr hin. Sie wurde misstrauisch. Und ein schneller Seitenblick auf das fremde Mädchen an des Richters Seite sagte ihr alles: Das war Toms Neue! Amys Herz brach. Plötzlich hasste sie die ganze Welt – und vor allem Tom.

Der wurde inzwischen dem Richter vorgestellt, brachte aber vor Verlegenheit kein Wort heraus.

Der Richter legte Tom die Hand auf den Kopf. „Du bist ein prächtiger Kerl und hast brav gelernt", sagte er. „Wissen ist wichtiger als alles andere in der Welt. Nun sage mir einmal etwas von dem, was du weißt. Du kennst doch gewiss die Namen der zwölf Apostel."

Tom blickte wie ein Schaf vor sich hin.

„Nenne mir einfach die Namen der beiden, die zuerst von Jesus auserwählt wurden!", forderte der Richter ihn auf.

Tom schlug verlegen die Augen nieder.

Pfarrer Walters Herz rutschte immer tiefer. „Er ist etwas schüchtern. Nur keine Angst, Thomas!", versuchte er zu retten, was zu retten war. „Antworte dem Herrn."

Tom kramte hilflos in seinem Gedächtnis und antwortete schließlich: „David und Goliath!"

Was dann geschah, wird aus Rücksicht auf Tom hier verschwiegen ...

5. Kapitel: Huckleberry Finn und andere Aufregungen

Am Montagmorgen war Tom schlechter Stimmung. Das war jeden Montagmorgen so, weil eine weitere quälende Woche in der Schule begann. Tom lag im Bett und grübelte. Vielleicht war er ja krank und durfte zu Hause bleiben.

Jetzt hatte er's! Ein Zahn oben vorn war locker. So ein Glück! Doch dann dämmerte ihm, dass seine Tante ihm vielleicht den Zahn ziehen würde. Und das würde wirklich wehtun.

Plötzlich fiel ihm ein, dass der Arzt einmal von einer bestimmten Krankheit erzählt hatte. Ein Patient hatte dadurch fast seinen Finger verloren. Tom betrachtete seinen großen Zeh, den er sich leicht verletzt hatte. Es war einen Versuch wert! Er begann laut zu stöhnen, doch Sid schnarchte unbeeindruckt weiter.

Langsam wurde Tom ärgerlich. „Sid! He, Sid!", rief er und schüttelte seinen Halbbruder. Endlich! Sid gähnte und richtete sich ein wenig auf. Sofort fing Tom wieder an zu stöhnen.

„Tom!", rief Sid erschrocken. „Sag was!"

Keine Antwort.

„He, Tom! Was ist los?" Sid schüttelte ihn.

Tom klagte: „Oh, bitte nicht, Sid!"

„Ich hole sofort Tante Polly!"

„Ach nein, lass nur. Es ... wird schon vorübergehen ... Ich vergebe dir alles, Sid. Wenn ich erst tot bin ..."

„Oh, Tom! Du stirbst doch nicht, oder? Bitte nicht!"

„Ich vergebe allen, Sid." Wieder ein Stöhnen. „Sag ihnen das. Und gib mein einäugiges Kätzchen dem Mädchen, das neu hierhergekommen ist, und sag ihr ..." Aber da war Sid schon losgerannt.

Tom litt jetzt tatsächlich, so hervorragend arbeitete seine Einbildungskraft.

Sid rannte die Treppe hinunter und schrie: „Tante Polly, komm schnell! Tom stirbt!"

„... stirbt?!? Unsinn! Das glaube ich nicht." Trotzdem lief Tante Polly so schnell sie konnte zu Tom hinauf. Sie war leichenblass. „Tom? Tom! Was ist denn los?"

„Oh, Tantchen, ich ... Mein Zeh stirbt ab."

Die alte Dame fing an zu lachen. Plötzlich begann sie zu weinen – und dann lachte und weinte sie durcheinander. Schließlich rief sie: „Hast du mir einen Schrecken eingejagt, Tom! Schluss damit! Raus aus den Federn!"

Da war nichts zu machen. Tante Polly war nicht so leicht hinters Licht zu führen ...

Auf dem Schulweg traf Tom auf einen Jungen, vor dem er und seine Kameraden immer gewarnt wurden. Ständig sagte man ihnen: „Haltet euch fern von Huckleberry Finn!" Er war der Sohn des Trunkenbolds der Stadt und galt als faul und böse.

Huckleberry trug stets die abgelegten Kleider erwachsener Männer. Er konnte tun und lassen, was er wollte. Bei schönem Wetter schlief er draußen, bei schlechtem in Hauseingängen oder leeren Heuschobern. Huck brauchte weder die Schule noch die Kirche zu besuchen. Er konnte zum Angeln oder zum Schwimmen gehen, wann immer er wollte. Er durfte abends so lange aufbleiben, wie er mochte. Außerdem konnte Huck wundervoll fluchen.

„Hallo, Huckleberry!", rief Tom.

„Hallo, Tom!"

„Was hast du da?"

„'ne tote Katze."

„Zeig her. Oh, die ist schon ganz steif. Und was willst du jetzt mit der Katze machen?"

„Warzen heilen."

„Wirklich? Wie funktioniert das?"

„Ganz einfach! Du gehst damit nachts zu einem Grab, in dem am selben Tag ein böser Mensch beerdigt wurde. Genau um Mitternacht kommt ein Teufel, vielleicht auch mehr. Wenn sie den Toten mitnehmen, rufst du ihnen zu: ‚Der Teufel folgt dem Toten, die Katze folgt dem Teufel, die Warze folgt der Katze und ich bin frei!' Damit kriegst du jede Warze weg!"

„Klingt gut. Aber sag mal, Huck, wann willst du das denn ausprobieren?"

„Heute. Ich denke, dass sie heute Horse Williams holen."

„Horse Williams? Der ist doch schon am Samstag beerdigt worden. Den haben die Teufel doch sicher schon geholt."

„Was du dir denkst! Wie könnten ihre Zaubersprüche denn vor Mitternacht wirken? Und nach Mitternacht ist schon Sonntag. Sonntags trauen sich die Teufel doch nicht hervor."

„Stimmt. Daran hab ich nicht gedacht. Darf ich mitkommen?"

„Natürlich, wenn du keine Angst hast."

„Ich und Angst! Holst du mich ab?"

„Alles klar."

Als Tom das Schulhaus erreichte, tat er, als sei er den ganzen Weg gerannt. Eifrig warf er sich auf seinen Platz.

Der Lehrer thronte oben auf einem Podest und schlummerte. Aber die Störung weckte ihn. „Thomas Sawyer!!! Nun, warum sind wir heute wieder zu spät?"

Tom wollte sich schon herausreden. Doch da sah er zwei lange, blonde Zöpfe. Und daneben war der einzige freie Platz auf der Mädchenseite ... Ohne Zögern antwortete Tom: „Ich habe mich noch mit Huckleberry Finn unterhalten."

Dem Lehrer blieb fast das Herz stehen. „Du hast ... was getan?", fragte er entsetzt.

„Ich bin stehen geblieben, um mit Huckleberry Finn zu sprechen", wiederholte Tom. Das war deutlich.

„Thomas Sawyer! Das ist das dreisteste Geständnis, das ich je gehört habe. Los, zieh sofort deine Jacke aus!"

Der Lehrer deckte Toms Rücken mit Schlägen ein. Dann befahl er: „So, und jetzt setzt du dich zur Strafe zu den Mädchen."

Tom hatte erreicht, was er wollte: Er konnte neben seiner Angebeteten sitzen! Schon bald warf er ihr heimliche Blicke zu. Sie merkte das natürlich und wandte ihm den Rücken zu. Als sie wieder vorsichtig nach ihm schaute, lag vor ihr ein Pfirsich. Sie schob ihn weg. Tom legte ihn zurück. Erneut schob sie den Pfirsich weg, schon weniger feindselig. Geduldig legte Tom ihn abermals zurück. Dieses Mal ließ sie ihn, wo er war.

Tom fing an, etwas auf seine Tafel zu zeichnen, was er vor den Blicken seiner Angebeteten abschirmte. Bald konnte sie ihre Neugier nicht mehr zügeln und bat leise: „Lass mich mal sehen!"

Tom deckte sein Bild auf. Es zeigte ein Haus mit einem viel zu großen Mann.

Das Mädchen wisperte: „Ein hübscher Mann. Jetzt mal noch mich."

Tom malte eine Art Sanduhr mit einem Vollmond als Kopf. Eine Hand stattete er mit einem gewaltigen Fächer aus.

„Ach, wie süß ...", bewunderte das Mädchen den Künstler unkritisch. „Ich wünschte, ich könnte auch so schön malen wie du."

„Ich werd's dir beibringen", flüsterte Tom.

„Au ja! Wann?"

„Heute Mittag. – Sag mal, wie heißt du eigentlich?"

„Becky! Becky Thatcher. Und du? Ach, ich weiß schon: Thomas Sawyer."

„So nennen mich nur die, die böse auf mich sind. Sonst bin ich Tom." Tom kritzelte wieder etwas auf seine Tafel, das er vor Becky versteckte.

„Zeig her!", bat sie ihn wieder.

„Ach, es ist ja gar nichts", zierte sich Tom.

„Doch, ist es. Bitte, lass es mich sehen!"

„Versprichst du, dass du's niemandem erzählst? Solange du lebst?"

„Ich verspreche es. Und jetzt lass mal sehen." Es entstand ein kleiner Kampf, bis die Worte zu sehen waren: *Ich liebe dich.*

„Oh, du Böser!" Sie gab ihm einen Klaps auf die Hand, errötete aber dabei und sah sehr geschmeichelt aus. Na also, das war doch schon mal ein Anfang!

6. Kapitel: Der Verlobungskuss

Als der Vormittagsunterricht vorbei war, flüsterte Tom Becky ins Ohr: „Tu so, als ob du nach Hause gehst. Dann reißt du den andern aus und kommst zurück."

Also brachen sie auf, Tom mit den Jungen und Becky mit ein paar Mädchen. Wenig später trafen sie sich wieder in der Schule.

Sie setzten sich nebeneinander. Tom führte Becky beim Zeichnen die Hand. Als das Interesse an der Kunst nachließ, plauderten sie ein wenig.

„Magst du Ratten?", fragte Tom.

„Ich hasse sie. Aber ich mag Kaugummi!"

„Ich hab leider keinen ..."

„Aber ich! Ich lasse dich auch ein bisschen kauen."

Das war ein gutes Angebot, fand Tom. Also kauten sie abwechselnd.

Plötzlich fragte Tom: „Du, Becky, warst du schon mal verlobt?"

„Nein."

„Wärst du's gerne?"

„Ich weiß nicht. Wie ist es denn?"

„Wie nichts anderes auf der Welt! Du sagst dem Jungen, dass du nie, nie, nie jemanden lieber haben wirst als ihn. Dann küsst ihr euch und das war's. Kann jeder machen."

„Muss das sein mit dem Küssen?"

„Das macht man halt so ... Weißt du noch, was ich auf die Tafel geschrieben habe?"

„J...j...ja."

„Was denn?"

„Ich kann's nicht sagen."

„Soll ich es zu dir sagen?"

Becky zögerte und Tom wertete das als Zustimmung. Er flüsterte ihr den Satz ganz leise ins Ohr. Dann fügte er hinzu: „Und jetzt bist du dran, Becky."

Sie sträubte sich eine Weile. Schließlich sagte sie: „Aber du darfst es nie jemandem erzählen. Versprichst du mir das, Tom?"

„Ich verspreche es, Becky."

Da wisperte sie: „Ich liebe dich."

Sofort danach lief sie fort, Tom hinter ihr her. Schließlich holte er sie ein. Er legte ihr den Arm um die Schultern und redete ihr gut zu: „Becky, du hast es fast geschafft. Fehlt nur noch der Kuss!"

Langsam ließ sie die Hände sinken. Ihr Gesicht war glühend rot.

Tom küsste sie auf den Mund und sagte: „Nun ist es geschafft, Becky. Von nun an darfst du nie jemand anderen lieben als mich! Versprichst du das?"

„Ja. – Und du auch nicht."

„Natürlich nicht. Und wenn uns keiner sieht, musst du auf dem Schulweg mit mir gehen. So ist das, wenn man verlobt ist."

„Wie nett. Ich habe vorher noch nie etwas vom Verloben gehört."

„Dabei ist es so lustig! Amy Lawrence und ich ..." Erschrocken brach Tom ab. Beckys große Augen sagten ihm, dass er einen bösen Fehler begangen hatte ...

„Oh, Tom, ich bin nicht die Erste, mit der du verlobt bist." Becky begann zu weinen.

Tom versuchte sie zu trösten, doch sie drehte sich weg.

„Becky? Ich liebe niemanden als dich."

Keine Antwort, nur Schluchzen.

„Becky!!" Es klang flehend. Schließlich holte er seinen größten Schatz hervor: einen Messingknauf. „Bitte, Becky, willst du den haben?"

Sie schlug ihm den Knauf aus der Hand. Da lief Tom weg.

Wenig später rannte Becky zur Tür. Wie befürchtet war Tom nirgends zu sehen. „Tom, Tom! Komm zurück!", rief sie.

Kurz darauf erschienen die anderen Schüler zum Nachmittagsunterricht, doch Tom blieb verschwunden.

7. Kapitel: Ein kleines Abenteuer zwischendurch

Tom lief zunächst kreuz und quer über die Feldwege. Eine halbe Stunde später war er in den Hügeln hinter dem Haus der Witwe Douglas verschwunden. Das Schulhaus unten im Tal war jetzt kaum mehr zu sehen. Sein Weg führte ihn in einen dichten Wald. Dort ließ er sich unter den Ästen einer mächtigen Eiche nieder. Nicht das leiseste Lüftchen regte sich.

Eine tiefe Schwermut hatte sich Tom aufs Gemüt gelegt. ‚Diese Becky! Was habe ich eigentlich verbrochen?', fragte er sich. ‚Irgendwann wird es ihr leidtun ... Wie wäre es, wenn ich auf geheimnisvolle Weise für immer verschwände? Ja, genau! Ich wandere aus in ein fernes Land jenseits des Meeres und komme nie mehr zurück! Wie sie sich dann wohl fühlt? Ich könnte Seeräuber werden. Das ist es! Mein Name wird die ganze Welt in Angst und Schrecken versetzen. Und auf dem Höhepunkt meines Ruhmes erscheine ich unerwartet in meinem Heimatstädtchen. Mit einem Gürtel voller Pistolen betrete ich die Kirche. Beim Anblick meiner Piratenflagge flüstern alle: Das ist Tom Sawyer, der Pirat, der schwarze Rächer des spanischen Reiches!'

Ja, jetzt wusste Tom, was er wollte. Morgen schon würde er von zu Hause weglaufen.

Plötzlich war in der Ferne der Klang einer Trompete zu hören. Tom holte aus einem Versteck hinter einem umgestürzten Baum seinen Pfeil und Bogen, sein Holzschwert und seine alte Blechtrompete. Er spähte vorsichtig in alle Richtungen und sagte zu seinen unsichtbaren Begleitern: „Halt, meine tapferen Männer! Bleibt im Versteck, bis ich das Signal gebe."

In diesem Moment erschien ein echter Mensch. Er war ebenfalls mit Schwert,

Pfeil und Bogen und Trompete bewaffnet: Joe Harper.

„Halt! Wer kommt hier ohne meine Erlaubnis durch den Sherwood-Wald?", rief Tom. Er war nun kein Piratenkapitän mehr, sondern Robin Hood.

„Guy von Gisborne braucht keines Menschen Erlaubnis! Wer bist du, dass ..."

„... dass du es wagst, solche Reden zu führen", half Tom ihm aus. Denn beide spielten jetzt ihre Rollen nach dem Text des Robin-Hood-Buches.

„Wer bist du, dass du es wagst, solche Reden zu führen?", rief Joe Harper.

„Ich bin Robin Hood!"

„Dann bist du der Geächtete. So will ich gerne mit dir um das Recht kämpfen, diesen Wald zu durchschreiten."

Sie zogen ihre Holzschwerter und begannen zu fechten, bis Tom rief: „Jetzt fall doch, fall! Warum fällst du denn nicht?"

„Ich will nicht. Fall du doch!"

„Das geht nicht. Ich darf nicht fallen. Im Buch steht das anders."

Gegen das Buch kam Joe nicht an. Also erhielt er den tödlichen Streich und fiel zu Boden.

„So", sagte er, sich aufrichtend. „Aber jetzt musst du dich mal töten lassen. Das ist nur fair."

„Na gut, Joe. Du kannst ja für eine Weile Robin Hood sein und ich der Sheriff von Nottingham. Dann kannst du mich töten."

Und so gingen Robin Hoods Abenteuer noch eine Weile weiter. Am Ende des Tages beschloss Robin Hood – nein: Tom Sawyer – doch wieder nach Hause zurückzukehren.

8. Kapitel:
Eine mörderische Friedhofsnacht

Tante Polly schickte Tom und Sid wie üblich um halb zehn ins Bett. Sid schlief kurz darauf ein. Tom hingegen lag unruhig wach. Nach und nach konnte er geheimnisvolle Geräusche hören. Kein Zweifel, da waren Geister unterwegs!

Gleichmäßiges Schnarchen drang aus Tante Pollys Zimmer. Wider Willen döste Tom ein. Irgendwann mischte sich in seine Träume traurig klingender Katzenjammer.

„Du verdammtes Katzenvieh!", schrie jemand.

Tom war jetzt hellwach. Das Miauen war Hucks Erkennungszeichen! Lautlos zog Tom sich an. Er stieg aus dem Fenster, kroch über das Dach, sprang auf das Dach des Holzschuppens und von da zu Boden.

Huckleberry Finn erwartete ihn. Die tote Katze hatte er bei sich.

Eine halbe Stunde später kämpften sich die beiden Jungen durch das hohe Gras auf dem Friedhof. Er lag etwa anderthalb Meilen vom Städtchen entfernt. Alles war von Unkraut überwuchert und es gab keine Grabsteine. Auf wurmstichigen Brettern standen Sätze wie Geweiht dem Andenken an … Aber die meisten Namen konnte man nicht mehr lesen.

Ein leichter Wind ließ die Bäume ringsum stöhnen und ächzen. ‚Ob die Geister der Toten sich beklagen, dass wir ihre Ruhe stören?', überlegte Tom.

Die Jungen redeten nicht viel. Endlich fanden sie den frischen Grabhügel von Horse Williams und krochen in der Nähe in den Schutz der Büsche.

„Du, Huck", wisperte Tom. „Glaubst du, die Toten sind damit einverstanden, dass wir hier sind?"

„Wenn ich das nur wüsste", flüsterte Huckleberry zurück.

Nach einer längeren Pause fragte Tom: „Sag mal, Huck, meinst du, Horse Williams hört, was wir sagen?"

„Natürlich. Zumindest sein Geist."

Wieder schwiegen die Jungen. Dann meinte Tom: „Ich wünschte, ich hätte ihn immer mit Mister Williams angeredet. Aber alle haben ihn Horse genannt."

Plötzlich griff Tom nach Hucks Arm. „Pssst!"

„Was ist, Tom?"

Mit klopfenden Herzen rückten die beiden enger zusammen.

„Guter Gott, Tom, die Geister kommen tatsächlich! Was sollen wir nur tun?"

„Ich weiß es auch nicht."

Die Jungen beugten sich vor und wagten kaum zu atmen. Vom anderen Ende des Friedhofs drangen gedämpfte Stimmen an ihre Ohren.

„Da, schau!", flüsterte Tom. „Was ist das?"

„Teufelsfeuer! Oh, es ist grauenvoll."

Ein paar undeutliche Gestalten näherten sich mit einer Laterne. Flackerndes Licht fiel auf den Boden.

Schaudernd wisperte Huckleberry: „Das sind die Teufel, ganz sicher! Drei Stück. Tom, es ist aus mit uns! Kannst du beten?"

„Ich werd's versuchen", beruhigte Tom seinen Freund und sich selbst.

„Du, das sind Menschen, zumindest einer von ihnen!", bemerkte Huck erstaunt. „Ich habe Muff Potters Stimme erkannt."

„Alles klar. Ich hab noch eine Stimme erkannt: die von Indianer-Joe!"

„Stimmt!", bestätigte Huck. „Lieber einem Teufel begegnen als dem."

Ihr Flüstern verstummte, denn die drei Männer hatten das Grab erreicht. Sie standen nur ein paar Schritte von dem Versteck der Jungen entfernt.

„Hier ist es!", rief die dritte Stimme. Der Sprecher hob die Laterne und die Jungen erkannten den jungen Dr. Robinson. Muff

Potter und Indianer-Joe setzten eine Bahre ab, auf der ein Seil und Schaufeln lagen. Dann begannen sie, das Grab zu öffnen.

„Macht schneller, Männer!", sagte der Arzt.

Die beiden gruben weiter. Mit einem dumpfen Geräusch traf endlich einer der Spaten auf Horse Williams' Sarg. Kurze Zeit später brachen die Männer den Sarg auf. Sie nahmen den Leichnam heraus und ließen ihn auf den Boden fallen.

Da kam der Mond hinter den Wolken hervor und beleuchtete das blasse Gesicht des Toten. Der Leichnam wurde auf die Bahre gelegt und festgebunden. Potter holte ein Messer hervor, schnitt das Seil ab und sagte zu Dr. Robinson: „So, du Knochensäger. Rück fünf Dollar heraus!"

„Was soll das?", fragte der junge Arzt. „Ihr habt eure Bezahlung vorab erhalten."

„Ja, aber du hast noch ganz andere Dinge getan", entgegnete Indianer-Joe. „Vor fünf Jahren hast du mich davongejagt,

als ich etwas zu essen wollte. Und dein
Vater hat mich einsperren lassen. Jetzt
wird abgerechnet!"

Er hielt dem Arzt drohend die Faust unter
die Nase. Der aber schlug
plötzlich zu und streckte
Joe zu Boden.

Potter rief:
„Schlag
meinen
Freund
nicht!" Er griff den Arzt an, wobei er sein
Messer verlor. Während die beiden noch
kämpften, kam Indianer-Joe wieder auf die
Beine. Er hob Potters Messer auf und um-
schlich die Kämpfer wie eine Katze.

Da ergriff der Arzt ein Brett und schlug
Potter damit zu Boden. Potter blieb ohnmächtig liegen, Indianer-Joe aber schnellte
vor und stieß dem jungen Arzt das Messer
tief in die Brust. Dr. Robinson taumelte und
fiel quer über Potter.

In diesem Moment schoben sich die Wolken wieder vor den Mond. Voller Entsetzen flohen Tom und Huck im Schutz der Dunkelheit.

Als der Mond erneut hervorkam, stand Indianer-Joe über die beiden Liegenden gebeugt. Er leerte die Taschen der Leiche und steckte dem bewusstlosen Potter das blutige Messer in die Hand.

Nach vier, fünf Minuten begann Potter sich zu regen. Seine Hand schloss sich fester um das Messer. Er hielt es hoch, betrachtete es und ließ es schaudernd fallen. Dann richtete er sich auf, schob die Leiche des Arztes von sich und fragte entsetzt: „Himmel, was ist geschehen, Joe?"

„Eine üble Sache!", erwiderte Joe regungslos. „Warum hast du das getan?"

„*Ich?* Ich war das nicht!"

„Herausreden hilft nichts."

Potter wurde kalkweiß und jammerte: „Ich hätte heute Abend nicht saufen sollen.

Ich kann mich an nichts mehr erinnern …
Joe, erzähl mir, was passiert ist."

„Ihr habt euch geprügelt und er hat dir
eins übergezogen", begann Indianer-Joe
wahrheitsgetreu. „Du bist hingefallen,
kamst wieder hoch, hast dir das Messer
geschnappt und es ihm in die Brust gejagt.
Dann seid ihr beide zusammengebrochen."

„Oh, ich wusste nicht, was ich tat!", rief
Potter aufgeregt. „Du verrätst mich doch
nicht, Joe? … Bitte!" Er fiel vor dem Mörder
auf die Knie und faltete seine Hände.

„Du warst immer fair zu mir", antwortete
Indianer-Joe. „Ich werde dich nicht verraten, das verspreche ich dir. Und jetzt
komm, wir müssen verschwinden!"

Potter trottete los. Indianer-Joe blickte
ihm nach und murmelte: „An sein Messer
wird er erst denken, wenn er weit weg ist."

Zwei oder drei Minuten später blickte nur
noch der Mond herab auf den Ermordeten.
Es herrschte wieder tiefe Stille.

9. Kapitel: Augenzeugen in Not

Tom und Huck flohen stumm vor Entsetzen. Von Zeit zu Zeit blickten sie sich nach Verfolgern um.

Endlich erreichten sie ihr Ziel. Sie stürmten durch die Tür der alten Gerberei und ließen sich auf den Boden fallen.

Nach und nach beruhigte sich ihr Pulsschlag und Tom flüsterte: „Huck? Was hältst du von der Sache? Was wird jetzt geschehen?"

„Wenn Dr. Robinson stirbt, wird jemand dafür gehängt werden."

Tom dachte einen Moment nach. „Wer soll etwas von dem Verbrechen erzählen? Wir?"

„Spinnst du? Stell dir mal vor, wir erzählen davon und irgendetwas geschieht, sodass Indianer-Joe doch nicht gehängt wird. Dann wird er *uns* töten, das ist sicher. Wenn irgendjemand etwas erzählen muss, ist das Muff Potter."

Tom dachte weiter nach. Dann flüsterte er: „Huck, Muff Potter weiß von nichts. Er war doch ohnmächtig, als Indianer-Joe den Doktor erstach."

„Tatsächlich, du hast recht, Tom!"

Nach einer weiteren Pause wollte Tom wissen: „Huck, kannst du auch ganz sicher den Mund halten?"

„Tom, wir müssen den Mund halten. Indianer-Joe würde uns ertränken wie junge Katzen, wenn er davonkommt. Wir müssen einen heiligen Eid schwören, dass wir immer dichthalten werden."

„Ja, Huck, das ist das Beste."

„Bei so etwas Wichtigem muss es schriftlich sein – und zwar mit Blut geschrieben."

Tom war mit diesem Vorschlag ganz und gar einverstanden. Er blickte sich um und fand eine glatte Holzschindel. Er nahm sie, holte ein Stückchen Rotstift aus der Tasche und kritzelte im Mondlicht mühsam die folgenden Zeilen:

Huck Finn und Tom Sawyer schwören,
dass sie immer dichthalten werden.
Sie wollen auf der Stelle tot umfallen,
wenn sie jemals etwas ausplaudern.

Nun stach sich Tom mit einer Nadel in den Finger und quetschte Blut heraus, um damit die Anfangsbuchstaben seines Namens zu schreiben. Dann gab er Huck die Nadel und zeigte ihm, wie man ein *H* und ein *F* schreibt. Sie vergruben die Schindel und trennten sich.

Als Tom wieder in sein Zimmer kroch, war die Nacht fast vorbei. Er legte sich leise ins Bett, um Sid nicht zu wecken. Doch der tat nur so, als ob er schliefe ...

Sid war längst aufgestanden, als Tom aufwachte. Dem Licht nach zu urteilen, war es schon ziemlich spät. Warum hatte ihn niemand geweckt? Dieser Gedanke erfüllte ihn mit bösen Vorahnungen.

In nur fünf Minuten war er angezogen und lief die Treppe hinunter. Er fühlte sich matt und zerschlagen. Tante Polly, Sid und Mary saßen noch am Tisch. Ihre Blicke mieden ihn. Tom setzte sich und versuchte, fröhlich zu erscheinen. Vergeblich! Kein Lächeln, keine Antwort war ihm vergönnt.

Nach dem Frühstück nahm seine Tante ihn beiseite und schluchzte: „Wie konntest du nur auf diese Art gehen und mein altes Herz brechen? Meine Sorgen bringen mich noch ins Grab. Es hat keinen Sinn mehr, dass ich es weiter mit dir versuche!"

Das war schlimmer als tausend Schläge. Tom weinte, bat um Vergebung und schwor: „Ich werde mich ändern!"

Tante Polly ließ sich erweichen, doch Tom spürte, dass ihr Vertrauen in ihn nicht allzu groß war.

Er fühlte sich so elend, dass er nicht einmal Rachegelüste gegen Sid verspürte, der ihn verpetzt hatte. Freudlos schlich

Tom zur Schule. Dort bekamen Joe Harper und er eine Tracht Prügel, weil sie am Vortag den Nachmittagsunterricht geschwänzt hatten.

Dann begab Tom sich zu seinem Platz, stützte die Ellenbogen auf sein Pult und das Kinn in die Hände. Er starrte die Wand mit der Miene eines Menschen an, dessen Schmerz nicht mehr übertroffen werden kann.

Da stieß sein Ellenbogen gegen einen harten Gegenstand. Mit einem Seufzer nahm er ihn in die Hand. Es war sein Messingknauf ... Den musste Becky dort hingelegt haben ...

Was für ein trauriger Tag für Tom!

10. Kapitel: Der Mord wird entdeckt

Kurz vor Mittag wurde die grausige Neuigkeit bekannt. Die Nachricht flog von Mund zu Mund. Ein blutiges Messer war neben dem ermordeten Dr. Robinson gefunden worden. Offenbar gehörte es Muff Potter. Es hieß, dass jemand Potter am frühen Morgen begegnet sei, als dieser sich im Bach wusch. Potter habe sich sofort davongeschlichen, als er den anderen bemerkte.

Das alles wirkte höchst verdächtig. Man erzählte sich außerdem, dass die Stadt bereits vergeblich nach dem Mörder durchsucht worden sei. Der Sheriff zeigte sich aber zuversichtlich, den Flüchtling vor Einbruch der Dunkelheit zu verhaften.

Die ganze Stadt war in Richtung Friedhof unterwegs. Auch Tom schloss sich dem Zug an – er konnte einfach nicht anders.

Am Ort des Verbrechens redeten alle wild durcheinander: „Der arme junge

Mann!" – „Das sollte Grabräubern eine Lehre sein!" – „Dafür wird Potter hängen!"

Währenddessen zitterte Tom am ganzen Körper, denn er hatte in der Menge das unbewegte Gesicht von Indianer-Joe ausgemacht. Plötzlich geriet der ganze Pulk in Bewegung und es wurden Stimmen laut: „Er ist es!" – „Er wagt sich hierher!" – „Wer, wer?" – „Muff Potter!" – „Passt auf, er will fliehen. Lasst ihn nicht entkommen!"

Andere Leute sagten, Potter habe gar nicht versucht auszureißen. Er habe nur verwirrt dagestanden.

Die Menge wich auseinander und der Sheriff kam herbei. Er führte Potter am Arm. In dessen Augen flackerte die Angst.

Als Potter vor der Leiche stand, schüttelte er sich, barg das Gesicht in den Händen und brach in Tränen aus. „Ich habe es nicht getan, Freunde!", schluchzte er.

„Hat dich denn jemand beschuldigt?", rief eine Stimme. Der Schuss hatte ins

Schwarze getroffen. Potter nahm die Hände vom Gesicht. Da entdeckte er Indianer-Joe und rief: „Oh, Joe, du hast mir versprochen, dass du niemals ..."

Der Sheriff hielt Potter das Tatwerkzeug unter die Nase. „Ist das dein Messer?"

Muff Potter wankte und machte dann eine resignierte Geste. „Sag's ihnen, Joe. Es hat ja doch alles keinen Zweck mehr!"

Huckleberry und Tom hörten verblüfft zu, wie Indianer-Joe seine falsche Aussage machte. Musste der strafende Blitz Gottes nicht jeden Moment auf den Sünder niederfahren? Beide überlegten kurz,  ihren Eid zu brechen und so Potters Leben zu retten.

Doch als Indianer-Joe geendet hatte und noch immer gesund und munter vor ihnen stand, schien es ihnen zu offensichtlich: Er hatte seine Seele dem Teufel verkauft.

Wenig später wiederholte Indianer-Joe seine Aussage unter Eid. Und erneut schlugen keine Blitze vom Himmel. Von nun an war Joe für sie das bedrohlichste Wesen, das sie je gesehen hatten.

Insgeheim beschlossen sie, ihn künftig nachts zu beobachten. Vielleicht konnten sie so auch einen Blick auf seinen Herrn, den leibhaftigen Teufel, werfen.

Eine ganze Woche lang schlief Tom nicht gut. Das furchtbare Geheimnis und sein schlechtes Gewissen ließen ihn nicht zur Ruhe kommen.

Er nutzte jede Gelegenheit, um zu dem kleinen Stadtgefängnis zu schleichen und dem „Mörder" heimlich Trostgaben durch das vergitterte Fenster zu reichen.

11. Kapitel: Pirat Tom hat Ärger

Toms geheime Sorgen rückten ein wenig in den Hintergrund. Etwas Neues nahm sein Interesse in Anspruch: Becky Thatcher erschien nicht mehr zum Unterricht!

Ein paar Tage versuchte Tom „auf sie zu pfeifen", wie er es nannte. Doch es gelang ihm nicht. ‚Becky ist krank! Was, wenn sie sterben muss?' Dieser Gedanke ließ ihn nicht mehr los.

Eines Tages passte Tom vor der Schule Jeff Thatcher ab, den Neffen des Richters. Unauffällig versuchte er, über Becky zu sprechen. Doch Jeff war zu schwerfällig, um darauf einzugehen.

Da sah Tom plötzlich in der Ferne ein bekanntes Gesicht: Becky! Im nächsten Moment tobte er wie wild über den Schulhof, sprang wagemutig über den Zaun, schlug Rad und vollführte jede Heldentat, die ihm in den Sinn kam. Dabei schaute er stets verstohlen auf Becky Thatcher. Konnte es wirklich sein, dass sie seine Anwesenheit gar nicht bemerkte?

Tom begab sich jetzt in ihre unmittelbare Nähe. Mit Kriegsgeheul stürzte er sich in eine Gruppe von Jungen, sodass diese in alle Richtungen auseinanderpurzelten. Er selbst fiel genau vor Becky zu Boden und riss sie dabei fast mit um.

Doch sie warf nur den Kopf zurück und wandte sich ab. „Schrecklich!", hörte er sie sagen. „Manche Leute halten sich eben für etwas ganz Besonderes."

Tom raffte sich auf. Mit tiefer Enttäuschung im Herzen kehrte er Becky und der Schule den Rücken.

Tom war verzweifelt. Niemand liebte ihn. ‚Aber wenn sie erst einmal erfahren, wozu sie mich getrieben haben, werden sie es ganz sicher bereuen', dachte er. Ja, jetzt hatten sie ihn dazu gebracht, ein Leben als

Verbrecher zu führen. Er hatte keine andere Wahl mehr.

In diesem Moment traf er auf seinen besten Freund Joe Harper. Tom erzählte Joe von seinem Entschluss, in die weite Welt hinauszufliehen, ohne jemals wieder zurückzukehren. Hoffentlich würde Joe ihn nicht vergessen!

Doch es stellte sich heraus, dass Joe mit einem ganz ähnlichen Gedanken befasst war. Seine Mutter hatte ihn geschlagen, weil er angeblich Sahne stibitzt hatte. Joe willigte ein, mit Tom gemeinsam Pirat zu werden. Ein wenig getröstet zogen sie zu zweit weiter.

Ungefähr drei Meilen unterhalb des Städtchens lag eine bewaldete Insel im Mississippi. Dort wollten Tom und Joe sich niederlassen. Die Insel war unbewohnt.

Doch zunächst stöberten sie Huckleberry Finn auf, der sich ihnen gerne anschloss.

Sie trennten sich und verabredeten, sich um Mitternacht am Flussufer wieder zu treffen. Dort war ein kleines Floß vertäut, das sie in Besitz nehmen wollten. Jeder von ihnen versprach, Angelhaken und weitere Ausrüstung mitzubringen. Das alles wollten sie sich als künftige Gesetzlose auf finsteren Wegen beschaffen.

Um Mitternacht erschien Tom mit einem Schinken und einigen anderen Kleinigkeiten am Treffpunkt und versteckte sich oberhalb der Uferböschung. Die Sterne funkelten und der mächtige Strom lag ruhig vor ihm.

Tom pfiff leise und erhielt von etwas weiter weg eine Antwort. Dann fragte eine gedämpfte Stimme: „Wer ist dort?"

„Tom Sawyer, der Schwarze Rächer des spanischen Reiches. Nennt eure Namen!"

„Huck Finn, der Rothändige, und Joe Harper, der Schrecken der Weltmeere."

„In Ordnung! Wie lautet die Parole?"

„Blut!"

Jetzt warf Tom zunächst den Schinken und dann sich selbst die Böschung hinab. Der „Schrecken der Weltmeere" hatte eine Speckschwarte und Brot mitgebracht und der „Rothändige" einen Topf, Tabak und Maiskolben.

Gegen zwei Uhr morgens landete das gekaperte Floß an der Sandbank, die der Insel vorgelagert war. Einige Male wateten die drei Jungpiraten durch das flache Wasser, um ihre Fracht zu bergen.

Dann entfachten sie ein Lagerfeuer, über dem sie Speck brieten. Außerdem ver-

brauchten sie fast die Hälfte ihres Brot-
vorrates. Als der Speck verzehrt war,
streckten sich die Jungen im Gras aus.

„Ist es nicht toll?", fragte Joe begeistert.

„Fantastisch", bestätigte Tom.

Huck bastelte sich inzwischen eine Pfeife
aus einem Maiskolben und Schilf. Dann
stopfte er sie mit Tabak. Die anderen
Piraten beschlossen, möglichst bald ebenfalls mit dem Rauchen zu beginnen.

„Was hat so ein Pirat eigentlich zu tun?",
fragte Huck.

„Die haben ein wundervolles Leben",
erzählte Tom. „Sie entern Schiffe und
verbrennen sie, nachdem sie alles Geld
geraubt haben. Außerdem töten sie natürlich die Besatzung."

„Nur die Frauen bringen sie zu ihrer
Insel", ergänzte Joe fachkundig.

„Das stimmt", bestätigte Tom.

Allmählich erlahmte ihr Gespräch und
sie versanken friedlich im Schlaf.

12. Kapitel:
Die heimwehkranken Freibeuter

Als Tom am nächsten Morgen aufwachte, wusste er zunächst nicht, wo er war. Dann weckte er die anderen beiden Piraten. Kaum zwei Minuten später rannten sie mit Geheul in den Fluss.

Eine leichte Flutwelle hatte in der Nacht das Floß entführt, aber das erfüllte sie nur mit Befriedigung. Ihre letzte Verbindung zur Zivilisation war verschwunden.

Es dauerte nicht lange und das Lagerfeuer flackerte wieder munter. Tom und Huck warfen ihre Angeln aus und wurden schon bald mit einem reichen Fang belohnt. Sie brieten den Fisch und fanden, dass es ihnen noch nie im Leben so gut geschmeckt hatte.

Nach dem Frühstück lagen sie eine Weile im Schatten herum. Dann erkundeten sie gemeinsam die Insel.

Der Nachmittag war schon zur Hälfte vorüber, als die drei Piraten zu ihrem Lagerplatz zurückkehrten. Sie machten sich gleich über den kalten Schinken her und legten sich wieder in den Schatten. Anfangs unterhielten sie sich noch lebhaft, doch bald schlug die würdevolle Stille des Waldes den dreien aufs Gemüt. Ein leises Heimweh beschlich sie. Aber keiner wagte es, dies auszusprechen.

Ein seltsames Geräusch kam langsam näher, ein dumpfes Dröhnen.

„Was ist das?", fragte Joe leise.

„Das wüsste ich auch gerne", flüsterte Tom zurück. „Los, lasst uns nachschauen!"

Sie eilten zu dem der Stadt zugewandten Ufer der Insel. Auf dem Fluss sahen sie den Raddampfer, der langsam dahintrieb. Ruderboote umschwärmten ihn. Plötzlich war wieder das dumpfe Tuten zu hören.

„Jetzt weiß ich, was los ist!", schrie Tom. „Irgendjemand ist ertrunken!"

Einige Zeit sahen die Jungen dem Treiben zu. Da durchzuckte Tom ein Gedanke: „Ich weiß, wer ertrunken ist! Wir!"

Augenblicklich fühlten sich die drei Piraten als tragische Helden. Welch ein Triumph! Sie wurden vermisst. Sicher bereute man jetzt, wie schlecht man sie behandelt hatte!

Als es dämmerte, wurde die Suche aufgegeben. Die verschollenen Piraten kehrten zu ihrem Lager zurück, voller Stolz über ihre Berühmtheit. Sie fingen einige Fische, die sie sich zum Abendbrot brieten.

Doch je dunkler es wurde, desto schleppender verlief ihre Unterhaltung. Still saßen die drei da und starrten ins Feuer. Joe und Tom mussten immer wieder an die Menschen zu Hause denken, die dieses Abenteuer sicher nicht so spaßig fanden wie sie selbst.

Nach einem Weilchen traute sich Joe, vorsichtig vorzufühlen, was die anderen wohl über eine Rückkehr dachten. Hohngelächter war die Antwort auf diesen Vorschlag.

Später nickten Huck und Joe ein. Tom lag eine ganze Weile halb aufgerichtet da. Schließlich erhob er sich leise, kniete sich ans Feuer und kritzelte mühsam ein paar Zeilen auf ein Stück Baumrinde. Die Rinde legte er zusammen mit seinen größten Schätzen in Joes Hut. Dann machte er sich auf Zehenspitzen davon. Sobald er außer Hörweite war, rannte er weiter in Richtung Sandbank.

13. Kapitel: Ein heimlicher Ausflug

Wenige Minuten später reichte Tom das Flusswasser bis zur Brust. Er wurde stärker abgetrieben als erwartet, erreichte aber schließlich das andere Ufer. Triefend nass lief er durch den Uferwald, bis er sich gegenüber der Stadt befand. Er schwamm bis zu der Fähre, die hier vor Anker lag. Ungesehen stieg er in das Rettungsboot.

Es dauerte nicht lange, da legte die Fähre ab. In ihrem Kielwasser begann auch das Rettungsboot seine tanzende Reise.

Eine Viertelstunde später stoppten die Schaufelräder der Fähre. Tom schlüpfte von Bord und schwamm bis zum Ufer. Bald darauf kletterte er über Tante Pollys Zaun, schlich bis zum Haus und spähte vorsichtig ins erleuchtete Wohnzimmer. Dort saßen Tante Polly, Sid, Mary und Mrs Harper, Joes Mutter, beisammen und unterhielten sich aufgeregt.

Tom schlich ins Haus und kroch unter das Bett, das neben der Tür stand.

Gerade sprach Tante Polly: „Wissen Sie, Tom war kein schlechter Junge. Er wollte nie etwas Böses und hatte so ein gutes Herz ..." Sie begann zu schluchzen.

„Genau so war auch mein Joe ... Wenn ich nur daran denke, dass ich ihn verprügelt habe, weil ich dachte, er hätte die Sahne genascht ... Und jetzt werde ich ihn niemals wiedersehen, nie!" Auch Mrs Harper schluchzte nun, als breche ihr das Herz.

„Ich hoffe, Tom geht's besser, dort, wo er jetzt ist", sagte Sid. „Obwohl ... Wenn er ein bisschen braver gewesen wäre ..."

„Sid!" Tom konnte Tante Pollys strafenden Blick geradezu fühlen. „Kein Wort gegen meinen Tom, jetzt, wo er von uns gegangen ist. Oh, er war immer solch ein Trost für mich, auch wenn er mich manchmal mit seinen Streichen quälte." Wieder begann sie zu weinen.

Auch Tom selbst schluchzte nun leise vor sich hin, so gerührt war er. Am liebsten wäre er seiner Tante um den Hals gefallen. Aber er beherrschte sich und hörte weiter zu. Dabei erfuhr er, dass man am Sonntag die Trauerfeier für die vermeintlich Ertrunkenen begehen wollte.

Schließlich verabschiedete sich Mrs Harper schluchzend und alle gingen ins Bett. Eine Weile betrachtete Tom seine schlafende Tante. Dann beugte er sich über sie und gab ihr einen Kuss. Wenig später befand er sich auf dem Rückweg zur Insel ...

Es war schon Morgen, als er sich dem Piratenlager näherte. Joe sagte gerade: „Nein, Huck, Tom würde uns nie im Stich lassen. Er hat irgendetwas anderes vor."

„Das ganze Zeug gehört aber nun uns, oder?", fragte Huck.

„Noch nicht ganz. Da steht: *Wenn ich bis zum Frühstück nicht zurück bin.*"

„Bin ich aber!", rief Tom und trat hervor.

Schnell wurde ein üppiges Frühstück bereitet. Während sie aßen, erzählte Tom von seinem Ausflug und seinem Plan.

Später erklärte er: „Ich will jetzt das Rauchen lernen." Joe schloss sich sofort an. Also machte Huck drei Pfeifen, stopfte sie und reichte ihnen zwei. Der Rauch schmeckte unangenehm und würgte sie

ein bisschen. Doch Tom sagte tapfer: „Wenn ich gewusst hätte, wie einfach das ist, hätte ich's schon längst gelernt!"

„Ich auch!", bestätigte Joe. „Mir ist kein bisschen schlecht!"

„Mir auch nicht", bekräftigte Tom groß-spurig. „Hör mal zu, Joe: Wir sagen niemandem, dass wir rauchen. Und wenn die anderen dabei sind, frag ich dich: ,Joe, haste mal 'ne Pfeife?' Und du sagst: ,Klar! Aber mein Tabak ist nicht so gut.' Und dann sage ich: ,Macht nichts. Hauptsache stark!' Und dann stecken wir die Pfeifen an."

So schwatzten die beiden miteinander. Doch die Pausen wurden immer länger. Schließlich sagte Joe matt: „Ich glaub, ich hab mein Messer verloren. Am besten geh ich es gleich suchen."

„Ich helfe dir", antwortete Tom.

Nach einer Stunde hielt Huck Ausschau nach ihnen. Er fand sie im Gras. Beide waren leichenblass und schliefen fest.

Beim Abendessen waren Tom und Joe nicht sehr gesprächig. Als Huck nach dem Essen seine Pfeife stopfte und auch die ihren bereitmachen wollte, lehnten Tom und Joe ab. Erst am nächsten Morgen waren die beiden wieder munter.

14. Kapitel:
Der tot geglaubte Held kehrt zurück

Am Samstagnachmittag herrschte in St. Petersburg keine heitere Stimmung. Nicht nur die Harpers und Toms Familie waren in tiefer Trauer.

Becky Thatcher drückte sich auf dem Schulhof herum. ‚Hätte ich bloß Toms Messingknauf zurück‘, sagte sie zu sich selbst. ‚Jetzt habe ich nichts mehr, was mich an ihn erinnert … Warum habe ich mich nur über ihn beklagt? Aber es ist zu spät.‘ Sie vergoss dicke Tränen.

Auch die anderen sprachen nur über ihre Kameraden Tom und Joe. In beinahe ehrfürchtigem Ton erzählten sie sich, wie Tom dieses oder jenes getan oder was Joe gesagt oder gefragt hatte.

Am nächsten Morgen riefen die Kirchenglocken die Menschen zur Trauerfeier.

Solange man sich erinnern konnte, war die kleine Kirche nicht so voll gewesen. Eine erwartungsvolle Stille trat ein. Dann erschienen Tante Polly, Mary, Sid und die Familie Harper, alle in Schwarz gekleidet.

In seiner Predigt stellte der Pfarrer die Verstorbenen als so sympathische Jungen dar, dass viele ein schlechtes Gewissen bekamen. Sie fragten sich, warum sie immer nur das Schlechte in den beiden gesehen

hatten. Immer mehr Leute begannen zu schluchzen, sogar der Pfarrer.

Da war von der Empore her ein Rascheln zu hören. Einen Augenblick später knarrte die Treppe. Der Pfarrer wischte sich die Tränen aus den Augen und starrte wie gebannt auf eine Stelle am anderen Ende der Kirche.

Wie durch einen inneren Zwang erhob sich die Gemeinde – und blickte fassungslos den drei tot geglaubten Jungen entgegen, die den Mittelgang entlangkamen.

Voran ging Tom, dann kam Joe und zuletzt folgte Huckleberry. Die drei hatten sich auf der Empore versteckt, um von dort ihrer eigenen Trauerfeier zuzuhören.

Tante Polly, Mary und die Harpers stürzten sich auf die Zurückgekehrten und erstickten sie fast unter ihren Küssen. Nur der arme Huck stand verlegen daneben. Er wollte sich gerade davonschleichen, da meinte Tom: „Tante Polly, das ist aber nicht gerecht! Irgendjemand muss sich auch darüber freuen, dass Huck wieder da ist."

„Da hast du recht! Und wie ich mich darüber freue." Mit diesen Worten begann Tante Polly ihre Zärtlichkeiten zwischen Tom und Huck zu teilen. Dadurch allerdings fühlte sich Huck noch unbehaglicher.

Tom Sawyer sah die vielen neidvollen Blicke seiner Schulkameraden und wusste, dass er nie wieder so stolz sein würde.

Am Montag in der Schule wurden Joe und Tom so sehr angehimmelt, dass sie ganz unausstehlich wurden. Als sie auch noch ihre Pfeifen hervorholten und paffend herumstolzierten, war der Gipfel ihres Ruhms erreicht.

Tom hatte beschlossen, nicht mehr an Becky Thatcher zu denken. Jetzt, da er so berühmt war, wollte sie sich bestimmt mit ihm versöhnen. Tom tat aber so, als würde er sie nicht sehen. Becky spielte mit ihren

Freundinnen Fangen. Tom entging es jedoch nicht, dass sie immer wieder zu ihm herüberblickte. Deshalb unterhielt er sich besonders angeregt mit Amy Lawrence.

Ein stechender Schmerz durchfuhr Becky. Erst wollte sie weggehen. Dann aber ging sie näher an Tom heran und sagte zu einem Mädchen: „Ich wollte dir doch von dem Picknick erzählen. Das wird richtig groß!"

„Toll! Lädst du uns alle ein?"

„Ja, alle, die mit mir befreundet sind", antwortete Becky.

„Darf ich mitkommen?", fragte Gracie.

„Sicher."

„Ich auch?", schloss sich Sally an.

So ging es weiter. Alle außer Tom und Amy baten darum, eingeladen zu werden. Doch Tom wandte sich gelassen ab und ging mit Amy davon.

Beckys Lippen zitterten. Sobald sich eine Möglichkeit ergab, stahl sie sich davon, um sich ungestört auszuweinen.

15. Kapitel: Die edelmütige Versöhnung

Inzwischen war Tom zu einem Entschluss gekommen: Er wollte sich mit Becky versöhnen. Als er ihr am Nachmittag begegnete, stürzte er auf sie zu und sagte: „Ich war heute Morgen schrecklich gemein zu dir, Becky. Bitte verzeih mir!"

Becky sah ihn zornig an und sagte: „Mr Sawyer! Lassen Sie mich künftig in Ruhe."

Tom war so verblüfft, dass ihm erst keine passende Antwort einfiel. Vor der Schultür machte er eine bissige Bemerkung. Ihre Antwort war nicht minder böse. Dabei ahnte Becky noch nicht, dass sie schon bald ganz andere Sorgen haben würde ...

Der Lehrer, Mr Dobbins, war ein Mann mittleren Alters. Immer war es sein Traum gewesen, Arzt zu werden. Aber seine Eltern waren zu arm gewesen, ihm das Medizinstudium zu ermöglichen.

Nun war er also Dorfschulmeister, doch seine Sehnsucht lebte in ihm fort. Jeden Tag, wenn seine Schüler beschäftigt waren, holte er ein geheimnisvolles Buch aus seinem Pult. Jeder an der Schule hätte alles darangesetzt, einen Blick in dieses Buch zu werfen. Aber noch nie war es jemandem gelungen.

Ausgerechnet heute sah Becky, als sie am Klassenzimmer vorbeiging, dass der Schlüssel im Lehrerpult steckte. Welch großer Moment! Kaum hatte Becky sich vergewissert, dass sie allein war, stand sie am Pult und hatte das Buch in der Hand.

Anatomie stand auf dem Einband. Doch das sagte ihr nichts. Also fing sie an zu blättern. Sie stieß auf ein Bild, das einen nackten Menschen zeigte. Da fiel plötzlich ein Schatten auf das Buch. Tom war hereingekommen und schaute ihr über die Schulter. Erschrocken klappte Becky das Buch zu – und zerriss dabei eine Seite.

Schnell schob sie das Buch ins Pult und knallte dieses zu. Dann brach sie in Tränen aus. „Du bist so gemein, Tom Sawyer", schluchzte sie. „Sich anzuschleichen, wenn sich jemand etwas ansieht!"

„Woher sollte ich denn wissen, dass du dir etwas ansiehst?"

Zornig rief sie: „Jetzt verpetzt du mich sicher und ich werd verhauen. Ich bin doch noch nie in der Schule verhauen worden!" Weinend stürzte sie davon.

Tom rührte sich nicht. Ihr Ausbruch hatte ihn aus der Fassung gebracht. Er murmelte vor sich hin: „Mädchen sind komisch. Noch nie in der Schule verprügelt ... Was ist denn schon dabei? Natürlich werde ich Becky nicht verpetzen. Aber Dobbins wird fragen, wer das Buch zerrissen hat. Und ich kenne kein Mädchen, dem man es nicht ansieht, wenn es lügt ..."

Die erste Stunde ging vorüber. Die Schüler arbeiteten für sich und der Lehrer döste vor sich hin. Schließlich reckte er sich, öffnete sein Pult und zog das Buch heraus.

Tom schaute zu Becky hinüber. Sie sah panisch aus. Irgendetwas musste geschehen, sofort!

Durchdringend schaute der Lehrer auf die Klasse. Sein Blick erfüllte selbst Unschuldige mit Furcht. Mit unterdrückter Wut fragte er: „Wer hat das Buch zerrissen?"

Kein Laut. Man hätte eine Stecknadel fallen hören können. Der Lehrer blickte forschend von einem Gesicht zum anderen.

„Benjamin Rogers, hast du es zerrissen?"

„Nein."

„Joseph Harper, warst du es?"

Wieder eine Verneinung. Toms Unruhe wurde immer größer. Der Lehrer ließ seinen Blick prüfend über die Jungenreihe wandern, überlegte einen Moment und machte dann bei den Mädchen weiter.

„Amy Lawrence?"

Kopfschütteln.

„Susan Harper, warst du es?"

Ebenso. Das nächste Mädchen war Becky Thatcher. Tom zitterte.

„Rebecca Thatcher, hast du – hast du ...?"

Becky hob bereits flehend die Hände.

„... dieses Buch zerrissen?"

Da sprang Tom auf und rief: „Ich war's!"

Alle starrten bestürzt auf den Verrückten. Doch die Dankbarkeit, die ihm aus Beckys Augen entgegenglänzte, hätte Tom auch für hundert Prügelstrafen entschädigt. Begeistert von seiner Tat empfing er ohne einen einzigen Schmerzenslaut seine Tracht Prügel. Selbst das Nachsitzen nahm er gleichgültig hin. Schließlich wusste er, wer vor der Schule auf ihn warten würde.

Als er am Abend einschlief, hatte er noch Beckys Worte im Ohr: „Das war sehr edelmütig von dir, Tom."

16. Kapitel:
Das schlechte Gewissen meldet sich

Zu Toms Erstaunen waren die Sommer-
ferien nicht immer leicht zu ertragen. Er
wusste manchmal gar nichts mit sich an-
zufangen.

Das Schlimmste aber war, dass Becky
Thatcher verreist war. Tom musste immer
häufiger an das schreckliche Geheimnis
um den Mord an dem jungen Arzt denken.

Wenige Wochen später wurde St. Petersburg aus seiner Schläfrigkeit gerissen:
Der Mordfall wurde endlich vor Gericht
verhandelt!

Jedes Mal, wenn von dem Mord die
Rede war, versetzte Toms schlechtes
Gewissen ihn in große Angst.

Vielleicht würde es ihn erleichtern, über
das furchterregende Thema zu reden?
Also verabredete er sich eines Tages an

einem abgelegenen Ort mit seinem Mit-
wisser Huckleberry Finn.

„Huck, hast du irgendjemandem etwas
über die Sache erzählt?"

„Nein, das schwöre ich! Warum fragst du
überhaupt?"

„Mir war halt ein bisschen bange."

Unter feierlichen Beschwörungen er-
neuerten sie ihren Eid. Dann sagte Huck:
„Wenn doch bloß nicht alle behaupten
würden, dass es Potter war."

„Ja. Ich fürchte, Muff ist nicht mehr zu
retten. Tut er dir auch so wahnsinnig leid?"

„Und wie! Er hat sicher nie jemandem
etwas zuleide getan. Er hat mir sogar mal
einen halben Fisch geschenkt ..."

„Und mir hat er immer meine Drachen
und Angeln geflickt. Ich wünschte, wir
könnten ihn irgendwie befreien!"

So unterhielten sie sich noch eine Weile,
ohne dass sie einander wirklich beruhigen
konnten. Sie drückten sich lange in der

Nähe des Gefängnisses herum. Doch ihre Hoffnung, Potter könnte noch irgendwie gerettet werden, wurde enttäuscht.

An diesem Abend fühlte sich Tom ganz elend. Schreckliche Träume verfolgten ihn im Schlaf. Die folgenden beiden Tage trieb er sich in der Nähe des Gerichtssaals herum. Huckleberry erging es nicht anders. Dennoch vermieden es die beiden, einander zu begegnen.

Am Ende des zweiten Prozesstages hieß es, Indianer-Joes Aussage sei so unerschütterlich, dass nichts mehr Muff Potter retten könne. An diesem Abend kam Tom spät nach Hause. Er war so aufgeregt wie noch nie zuvor und es dauerte lange, bis er endlich einschlief.

Am nächsten Morgen strömte die ganze Stadt zum Gerichtssaal. Muff Potter wurde in Ketten hereingeführt. Schutzlos war er den neugierigen Blicken ausgeliefert.

Der Staatsanwalt rief einen Zeugen nach dem anderen auf. Jedes Mal, wenn er mit der Befragung fertig war, sagte er: „Ihr Zeuge, Herr Verteidiger!"

Und jedes Mal sagte Muff Potters Verteidiger: „Keine weiteren Fragen."

Unzufriedenheit machte sich breit. Wollte dieser Anwalt nichts für seinen Mandanten unternehmen? Dann hielt der Staatsanwalt sein Schlussplädoyer, in dem er die Hinrichtung des Angeklagten forderte.

Der arme Potter stöhnte auf und verbarg sein Gesicht in den Händen.

Nun erhob sich der Verteidiger und wandte sich an den Richter: „Euer Ehren! Ich habe darauf hingewiesen, dass der Angeklagte möglicherweise unzurechnungsfähig war. Davon nehme ich jetzt Abstand." Und zum Gerichtsdiener gewandt fuhr er fort: „Führen Sie Tom Sawyer vor!"

Verblüffung zeigte sich auf allen Gesichtern. Selbst Muff Potter schien überrascht. Alle Blicke ruhten mit gespannter Erwartung auf Tom, als dieser auf der Zeugenbank Platz nahm. Er sah sehr verängstigt aus.

Dann stellte Muff Potters Verteidiger seine Fragen: „Thomas Sawyer, wo warst du am 17. Juni um Mitternacht?"

Tom blickte auf Indianer-Joes versteinertes Gesicht. Seine Zunge versagte ihm den Dienst. „Auf dem Friedhof", flüsterte er schließlich.

„Warst du irgendwo in der Nähe von Horse Williams' Grab?"

„Jawohl, Sir! Ich war vom Grab nicht weiter entfernt als jetzt von Ihnen."

Indianer-Joe schrak kaum merklich zusammen.

„War jemand bei dir?"

„Jawohl, Sir. Und zwar ..."

„Du brauchst den Namen jetzt nicht zu erwähnen. Erzähl einfach weiter, mein Junge, und lass nichts aus."

Tom berichtete, anfangs zögernd, dann immer flüssiger. Im Saal war es mucksmäuschenstill. Nur Toms Stimme war zu hören. Die Spannung erreichte ihren Höhepunkt, als der Junge sagte: „Und als Muff Potter zu Boden stürzte, da ergriff Indianer-Joe das Messer und ..."

Rums! Indianer-Joe hatte genug gehört! Blitzschnell stieß er jeden, der sich ihm entgegenstellte, zur Seite und war durchs Fenster verschwunden.

17. Kapitel: Ein neuer Schatzplan

Wieder einmal war Tom der strahlende Held. Einige Leute behaupteten, Tom würde bestimmt irgendwann zum Präsidenten gewählt werden – oder vorher gehängt.

Tagsüber genoss Tom seinen Triumph. Muff Potters Dankbarkeit bestätigte ihn in der Überzeugung, dass er richtig gehandelt hatte. Doch die Nächte waren für ihn voller Angst und Schrecken. Indianer-Joe spukte durch all seine Träume und er wünschte sich, er hätte den Mund gehalten.

Dem armen Huck erging es nicht anders. Schließlich war er in der Nacht vor dem letzten Verhandlungstag dabei gewesen, als Tom dem Anwalt von Muff Potter die Geschichte erzählt hatte.

Es waren bereits hohe Belohnungen auf Indianer-Joes Kopf ausgesetzt und man hatte die ganze Gegend durchsucht, ohne Erfolg.

So vergingen die Tage. Mit der Zeit rückte Toms Furcht in immer weitere Ferne. Und bald hatte er sogar wieder Lust, neue Abenteuer zu bestehen.

Irgendwann verspürt jeder richtige Junge die Sehnsucht, nach einem verborgenen Schatz zu graben. Tom machte da keine Ausnahme. Weil er weder Joe Harper noch Ben Rogers finden konnte, zog er allein los. Da traf er zufällig auf Huckleberry Finn. Der war genau der Richtige für ein solches Unternehmen.

„Wo wollen wir denn graben?", fragte er, nachdem er von Toms Plan gehört hatte.

„Hm, am besten an besonderen Stellen: auf einer einsamen Insel, unter einem abgestorbenen Baum oder unter den Dielen in einem Spukhaus."

„Und wer versteckt Schätze?"

„Räuber natürlich! Was hast du denn gedacht? Der Pfarrer etwa?"

„Weiß ich doch nicht! Ich jedenfalls würde meinen Schatz nicht verstecken. Ich würde mir damit ein gutes Leben machen."

„Ich auch. Aber Räuber machen's halt anders. Die verstecken ihren Schatz und dann vergessen sie, wo er liegt. Jahre später findet irgendjemand ein vergilbtes Blatt Papier, das den Weg zu dem verborgenen Schatz beschreibt."

„Hast du denn so ein Papier, Tom?"

„Nein. Aber wie gesagt: Schätze liegen nur auf einsamen Inseln, in Spukhäusern oder unter abgestorbenen Bäumen. Wir könnten es am Stillen Weg probieren. Da ist doch ein Spukhaus und eine ganze Menge alter Bäume steht auch dort."

Sie besorgten sich eine Hacke und eine Schaufel und machten sich auf den Weg zu dem Baum, den sie ausgewählt hatten.

„Vergraben die Räuber ihre Schätze immer so tief?", fragte Huck, nachdem sie eine halbe Stunde gebuddelt hatten.

„Wahrscheinlich haben wir einfach die falsche Stelle erwischt."

Sie versuchten es an noch zwei anderen Orten, aber nirgendwo stießen sie auf einen Schatz.

„Das ist wirklich seltsam", meinte Tom. „Aber manchmal funkt eben eine Hexe dazwischen. Komm, wir suchen uns eine andere Stelle und machen morgen weiter."

„Und wo?"

Tom überlegte eine Weile, dann schlug er vor: „Das Spukhaus. Das ist's. Die Geister können uns ja tagsüber nichts anhaben."

18. Kapitel: Der Schatz im Spukhaus

Am nächsten Tag kamen die Jungen wieder zu dem abgestorbenen Baum, um ihr Werkzeug zu holen. Huck hatte es nicht sehr eilig.

„Tom, weißt du eigentlich, was heute für ein Tag ist?", fragte er.

Tom sah seinen Freund erschrocken an. „Oh, daran hab ich ja gar nicht gedacht!"

„Ich auch nicht. Mir ist auch eben erst eingefallen, dass heute Freitag ist. Außerdem hab ich schlecht geträumt. Von Ratten und so."

„Das ist übel!"

Sie verschoben ihre Schatzsuche lieber um einen Tag und spielten im Wald.

Als die beiden am Samstagmittag beim Spukhaus eintrafen, herrschte dort eine seltsame Ruhe. Es dauerte eine Weile, bis sie sich trauten hineinzugehen.

Zitternd schlichen sie durch die Tür und schauten sich um. Der Fußboden war von Unkraut über-  wuchert. Es gab einen uralten Kamin, Fenster ohne Scheiben und eine morsche Treppe nach oben. Überall hingen Spinnweben.

Ihren eigenen Mut bewundernd be- schlossen sie, sich auch das Obergeschoss anzusehen. Vorsichtig stiegen sie die Treppe hinauf. Im ersten Stock war alles genauso verfallen wie unten. Schon wollten sie wieder hinuntersteigen, als ...

„Psst!", zischte Tom. „Bloß nicht rühren! Da sind welche."

Die Jungen warfen sich auf den Boden und versuchten, durch zwei Astlöcher zu beobachten, was unter ihnen vorging.

„Oje, da kommen sie!", flüsterte Tom. „Kein Sterbenswörtchen mehr, Huck!"

Zwei Männer traten ein. Der eine war der taubstumme Spanier, der sich zuletzt im Städtchen herumgetrieben hatte. Den anderen hatten sie noch nie gesehen.

Der Spanier war in einen Poncho gehüllt. Er hatte einen buschigen Schnurrbart und langes, weißes Haar. Außerdem trug er eine grünliche Brille.

Tom und Huck hörten den Unbekannten sagen: „Nein! Ist mir zu gefährlich."

„Du Waschlappen!", grunzte der offenbar doch nicht taubstumme Spanier.

Seine Stimme ließ den beiden Jungen den Atem stocken. Denn er war niemand anders als ... Indianer-Joe!

„Dass es gefährlich ist, weiß ich auch!", sagte er in diesem Moment. „Aber ich will hier raus. Gestern ging es ja nicht, weil diese verfluchten Bengel dahinten waren."

Die „verfluchten Bengel" erschauderten bis ins Mark. Wie gut, dass sie nicht gestern hergekommen waren!

Die beiden Männer im Erdgeschoss begannen zu essen. Nach einer Pause sagte Joe: „Das Ding drehen wir erst, wenn die Luft rein ist. Und dann ab nach Texas!"

Wieder herrschte eine Weile Schweigen. Schließlich sagte Indianer-Joe: „Ich bin todmüde. Du bist mit der Wache dran." Damit rollte er sich zusammen und schlief ein. Bald schnarchte auch der andere.

Die Jungen atmeten auf. „Komm! Das ist unsere Chance", flüsterte Tom. Er erhob sich vorsichtig. Doch schon beim ersten Schritt knarrte ein Dielenbrett so laut, dass er sich halbtot vor Schreck wieder zu Boden sinken ließ und keinen zweiten Versuch mehr wagte.

Endlich verstummte das Schnarchen. Indianer-Joe richtete sich auf und stieß seinen Gefährten an. „He, du! Bist mir ein feiner Wachposten! Wir müssen los. Was machen wir übrigens mit der Beute?"

„Keine Ahnung."

„Wir sollten das Zeug tief eingraben",
schlug Indianer-Joe vor.

„Gut", erwiderte sein Gefährte und ging
zum Kamin. Er griff in die Feuerstelle und
zog einen Beutel hervor, dem er haufen-
weise Silberstücke entnahm. Indianer-Joe
kniete bereits in einer Ecke und grub.

Die Jungen hatten all ihre Ängste
vergessen. Mehr Glück konnte man als
Schatzsucher nicht haben!

Plötzlich stieß Indianer-Joes Messer auf
etwas Hartes. „Hallo, was ist das denn?",
fragte er überrascht. „Eine Kiste! Fass mal
mit an. Da hinten stehen eine Hacke und
eine Schaufel."

Die beiden Männer beförderten mithilfe
des Werkzeugs der Jungen ihren Fund ans
Tageslicht. Sie öffneten den Deckel der
Kiste und versanken dann in Schweigen.

„Mensch, das ist ja Geld! Tausende!",
brach es schließlich aus Indianer-Joe
heraus.

„Nun brauchst du das Ding ja nicht mehr zu drehen", stellte der Unbekannte fest.

„Da kennst du mich aber schlecht", erwiderte Indianer-Joe. „Ich will mich rächen! Vorher gehe ich nicht nach Texas."

„Wenn du meinst. Und was machen wir jetzt mit dem Zeug hier? Vergraben wir es wieder?"

Stille, aber ungestüme Begeisterung brach über ihren Köpfen bei Tom und Huck aus.

„Nein, zum Teufel. Auf keinen Fall!"

Große Enttäuschung ein Stockwerk höher.

„Übrigens: Was haben die Hacke und die Schaufel eigentlich hier zu suchen? Es klebte ja sogar frische Erde daran.“

Den beiden Lauschern in der oberen Etage wurde schlecht vor Angst.

„Bringen wir das Zeug in mein Versteck.“

„Natürlich! Meinst du Nummer 1?“

„Nein, Nummer 2, unter dem Kreuz. An der anderen Stelle ist zu viel Betrieb.“ Indianer-Joe schritt im Raum umher. Plötzlich sagte er: „Wer hat nur das Werkzeug hergebracht? Ob die noch oben sind?“ Dann wandte er sich der Treppe zu.

Den Jungen gefror das Blut in den Adern. Die Stufen knarrten unter den Schritten des Indianers. Immer näher kam er. Die Jungen wollten bereits aufspringen, da gab das morsche Holz krachend nach. Indianer-Joe fiel und wurde unter den Trümmern der Treppe begraben. Fluchend rappelte er sich auf und machte keinen Versuch mehr, nach oben zu gelangen.

Kurze Zeit später schlichen die Männer mit der kostbaren Kiste in die Dämmerung hinaus. Tom und Huck waren unendlich erleichtert – aber auch wütend auf sich selbst. Wären sie nur nicht so dumm gewesen, das Werkzeug stehen zu lassen!

Sie beschlossen, ein wachsames Auge auf den angeblichen Spanier zu haben. Vielleicht konnten sie ihm zu Nummer 2 folgen, wo immer das sein mochte.

Plötzlich schoss Tom ein grausiger Gedanke durch den Kopf: „Was ist, wenn *wir* es sind, an denen er sich rächen will?"

„Oh, sag doch so was nicht!", rief Huck.

Hatte Indianer-Joe wirklich sie gemeint? Aber Hucks Name war ja vor Gericht nicht erwähnt worden. Das empfand Tom allerdings als sehr schwachen Trost.

19. Kapitel:
Das Geheimnis von Nummer 2

Am nächsten Morgen zog Tom früh los, um Huckleberry zu suchen. Er fand ihn trübselig am Ufer sitzend. „Wenn wir nur die dämlichen Werkzeuge am toten Baum gelassen hätten", meinte Huck. „Dann würde der Schatz jetzt uns gehören, Tom."

„Also war es doch kein Traum?"

„Traum! Du spinnst wohl! Wenn uns der verdammte Indianer-Joe erwischt hätte, dann wäre es aus mit uns gewesen."

„Aber jetzt müssen wir ihn suchen, wenn wir Versteck Nummer 2 finden wollen."

„Das finden wir nie. Und ich hab ganz schön Angst, ihm wieder zu begegnen."

„Ich ja auch, Huck. Lass uns trotzdem darüber nachdenken, was er mit seiner Nummer 2 gemeint haben könnte."

„Eine Hausnummer kann es nicht sein. So etwas gibt es in unserem Nest ja nicht."

„Stimmt. Aber warte mal ... Ich hab's: Vielleicht ist es eine Zimmernummer!"

„Das kann sein, Tom. Und es gibt hier ja nur zwei Gasthäuser ..."

„Ich lauf mal los. Bleib du hier."

Nach einer halben Stunde hatte Tom herausgefunden, dass es in dem einen Gasthaus ein Geheimnis um das Zimmer Nummer 2 gab: „Die Tür ist stets abgeschlossen", hatte der Sohn des Gastwirts erzählt. „Nur bei Nacht kommt ab und zu jemand."

„Ich glaube, das ist es!", rief Huck aus.

„Pass auf!", rief Tom aufgeregt. „Das Zimmer hat einen Hinterausgang. Greife dir alle Schlüssel, die du kriegen kannst. Ich mach das Gleiche. In der ersten dunklen Nacht probieren wir die Schlüssel aus. Und denk daran, nach Indianer-Joe Ausschau zu halten. Wenn du ihn siehst, folgst du ihm. Bestimmt geht er zu dem Zimmer."

Am Abend waren Tom und Huck zu ihrem neuen Abenteuer bereit. Sie beobachteten den Gasthof, doch der „Spanier" tauchte nicht auf.

Leider war die Nacht zu hell, um die Schlüssel auszuprobieren. Erst drei Nächte später sah es besser aus: Ein Gewitter kündigte sich an.

Tom schlich mit einer Blechlaterne und einem großen Handtuch aus dem Haus. Er versteckte die Sachen in dem Fass, das Huck als Schlafplatz diente. Dann beobachteten die beiden Jungen wieder von Weitem das Gasthaus.

Ungefähr um elf wurde die Wirtsstube geschlossen. Damit verloschen die letzten Lichter. Tom holte seine Laterne, zündete sie an und verhüllte sie mit dem Handtuch. Huck stand Schmiere, während Tom sich seinen Weg zum Hintereingang ertastete.

Das Warten zerrte an Hucks Nerven. Tom musste schon seit Stunden fort sein. Lag er bereits irgendwo bewusstlos oder gar tot am Boden? Huck wagte kaum zu atmen.

Da! Ein Lichtschein! Im nächsten Moment stürzte Tom auf ihn zu. „Lauf schnell!", keuchte er. „Lauf um dein Leben, Huck!"

Das brauchte er nicht zweimal zu sagen. Erst am anderen Ende des Städtchens hielten die beiden in einem verlassenen Haus an. Kaum hatten sie es betreten, brach das Gewitter los.

Als Tom wieder zu Atem gekommen war, berichtete er: „Es war schrecklich, Huck! Ich hab zuerst zwei Schlüssel probiert. Gepasst hat keiner. Und dann hab ich einfach die Klinke heruntergedrückt. Die Tür war gar nicht abgeschlossen! Ich bin also reingeschlüpft, hab das Handtuch von der Laterne genommen und … oh Gott!"

„Was denn? Was war denn?"

„Jetzt sah ich, dass ich im Dunkeln fast auf die Hand von Indianer-Joe getreten wäre. Er lag schlafend auf dem Boden."

„Puh! Ist er etwa aufgewacht?"

„Nö! Er hat sich nicht gerührt, war völlig besoffen, nehme ich an. Jedenfalls hab ich gemacht, dass ich fortkam."

„Hast du die Schatzkiste gesehen?"

„Glaubst du, ich hatte Zeit, mich umzuschauen? Ich trau mich da nur wieder rein, wenn ich weiß, dass Indianer-Joe weg ist. Wenn wir jede Nacht Posten stehen, sehen wir ihn irgendwann fortgehen. Und dann haben wir den Schatz!"

„Na gut, Tom. Ich will gern Wache stehen, aber alles andere musst du machen."

„Einverstanden. Du musst mich dann nur schnell holen ... Du, das Gewitter ist vorbei. Ich muss nach Hause. Gehst du zurück und hältst weiter Wache?"

„Klar! Ich werde jede Nacht wachen. Ich kann ja tagsüber schlafen."

20. Kapitel: Lauter finstere Pläne

Der Freitagmorgen hielt eine freudige Überraschung bereit: Richter Thatcher war mit seiner Familie nach St. Petersburg zurückgekehrt. Tom und Becky trafen sich und hatten eine wunderschöne Zeit. Becky überredete ihre Mutter dazu, das große Picknick für den nächsten Tag festzusetzen.

Am Abend konnte Tom lange nicht einschlafen. Vielleicht konnten sie ja in dieser Nacht den Schatz an sich bringen ... Doch Hucks Signal blieb aus.

Am nächsten Vormittag zog eine Meute vergnügter Kinder zum Fluss hinab. Beckys Eltern hatten einen kleinen Dampfer gemietet. Weil es spät werden würde, sollte Becky bei Susy Harper übernachten, die bei der Anlegestelle wohnte.

Drei Meilen unterhalb des Städtchens legte der Dampfer an. Alle gingen an Land und bald hallte der Wald wider von Lachen und Rufen. Die Gesellschaft machte sich über das mitgebrachte Essen her und faulenzte dann im Schatten der Bäume.

„Ich gehe in die Höhle!", rief schließlich jemand. „Wer hat Lust mitzukommen?"

Alle hatten Lust. Zunächst führte ein Hauptweg in den Berg hinein, von dem unzählige kleinere Wege abzweigten. Nur der vordere Teil der Höhle war allgemein bekannt.

Anfangs gingen alle gemeinsam den Hauptweg entlang. Dann verlor man sich in den Gängen. Problemlos konnte man der Meute entrinnen, ohne sich dabei über das bekannte Gebiet hinauszuwagen.

Nach und nach erschienen alle wieder beim Höhleneingang. Die Glocke des Dampfers mahnte bereits zur Rückkehr.

Huckleberry war inzwischen auf seinem Posten. Als um elf die letzten Lichter ausgingen, versank das Städtchen in tiefen Schlummer.

Plötzlich hörte Huck ein Geräusch. Die Hintertür zu Zimmer 2 wurde leise geschlossen. Kurz darauf gingen zwei Männer dicht an ihm vorbei. Einer von ihnen trug etwas unter dem Arm. Das musste die Schatzkiste sein!

Es war Unsinn, jetzt Tom zu holen. Bis er mit ihm zurückkehrte, waren die Männer bestimmt verschwunden. Auf nackten Füßen schlich Huck wie eine Katze hinter den Männern her.

Sie nahmen den Weg, der am Haus des Walisers Mr Jones vorbei den Hügel hinaufführte. Dann bogen sie in einen schmalen Pfad ein und waren in der Dunkelheit verschwunden. Sofort schloss Huck zu ihnen auf. Bald verlangsamte er seinen Schritt. Er fürchtete, den Verfolgten zu nahe zu kommen.

Schließlich hielt er an und lauschte in die Finsternis. Er hörte nur das Pochen seines eigenen Herzens. Hatte er die Männer verloren? Plötzlich räusperte sich jemand direkt vor ihm. Huck bebte vor Angst.

Wo sie sich befanden, wusste er genau: keine fünf Schritte vom Anwesen der Witwe Douglas entfernt.

„Verdammt! Die Witwe hat Besuch, es brennt Licht!", hörte er Indianer-Joe.

Wie eine kalte Hand griff die Furcht nach Hucks Herzen. Offensichtlich wollte der Indianer sich in dieser Nacht rächen, und zwar an der Witwe Douglas! Huck dachte daran, wie oft Mrs Douglas freundlich zu ihm gewesen war. Wenn er doch nur den Mut hätte, sie zu warnen!

„Geben wir's besser auf", sagte der Unbekannte gerade.

Doch Indianer-Joe widersprach: „Niemals. Ihr Mann hat mich auspeitschen lassen, als er noch Friedensrichter war. Vor den Augen der ganzen Stadt! Leider ist er gestorben. Aber seine Frau soll es mir büßen!"

„Du darfst sie auf keinen Fall töten!"

„Wer redet denn von töten? Wenn du dich an einer Frau rächen willst, musst du nur ihre Schönheit zerstören: ein Schnitt in die Nase, zwei Kerben in die Ohren ..."

„Oh Gott, das ist ja ..."

„Behalt deine Meinung für dich. Wir warten, bis alle Lichter aus sind. Dann ..."

Ganz langsam und vorsichtig zog Huck sich zurück. Erst als er sich etwas sicherer fühlte, rannte er den Berg hinab. Endlich erreichte er das Haus von Mr Jones und rüttelte an der Tür. Sofort erschienen der alte Mann und seine beiden Söhne am Fenster. „Wer macht da so einen Radau?"

„Lassen Sie mich rein, schnell!"

„Wer bist du denn?"

„Huckleberry Finn! Bitte, schnell!"

„Soso, Huckleberry Finn. Das ist ja nun nicht gerade ein Name, bei dessen Klang man gerne die Tür öffnet. Aber was soll's."

„Bitte, erzählen Sie niemals jemandem, dass Sie das alles von mir wissen." Das waren Hucks erste Worte, nachdem er eingetreten war.

„Heraus mit der Sprache, mein Junge! Niemand wird dich verraten."

Wenige Minuten später bogen Mr Jones und seine Söhne bewaffnet in den Pfad ein. Huck versteckte sich und lauschte. Da! Ein Aufschrei. Schüsse krachten.

Das Weitere wartete Huckleberry nicht ab. Er sprang auf und rannte den Hügel hinab.

21. Kapitel: Auf Verbrecherjagd

Am frühen Sonntagmorgen klopfte Huck zaghaft an die Tür des alten Walisers. Schon beim ersten Pochen wurden die Bewohner wach und eine Stimme fragte: „Wer ist da?"

Ängstlich flüsterte Huck: „Ich bin's, Huck."

„Das ist ein Name, für den ich meine Türe zu jeder Tages- und Nachtzeit öffne. Komm nur herein, mein Junge!"

Das waren wohl die schönsten Worte, die Huck je gehört hatte. Man bat ihn Platz zu nehmen, während sich der alte Waliser und seine beiden Söhne rasch anzogen.

„So, mein Junge!", sagte der alte Mann dann. „Hoffentlich hast du einen ordentlichen Hunger mitgebracht. Die Jungen und ich hatten eigentlich gehofft, du würdest in der Nacht bei uns bleiben."

„Ich hatte so schreckliche Angst", antwortete Huck. „Als ich die Schüsse hörte, bin ich losgerannt. Aber jetzt wüsste ich doch gern, was geschehen ist."

„Tja, leider haben die beiden Männer uns gehört und sind entwischt. Wir haben die Polizei alarmiert. Die bewacht jetzt das Flussufer. Ich wünschte nur, dass wir eine vernünftige Beschreibung von den Verbrechern hätten. Aber du hast sie ja in der Dunkelheit wahrscheinlich auch nicht besser gesehen als wir."

„Doch, einmal haben sie sich Zigarren angezündet. Da habe ich sie gesehen", log Huck. Er hatte Angst, alles zu erzählen, was er über einen der Männer wusste.

„Herrlich! Beschreib sie, mein Junge!"

„Der eine ist der taubstumme Spanier, der hier aufgetaucht ist, und ..."

„Das reicht schon! Die Kerle kennen wir. Informiert schleunigst den Sheriff, Jungs!"

Ängstlich rief Huck den beiden Söhnen des Walisers nach: „Bitte sagt niemandem, dass ich es war, der die beiden verraten hat!"

„Wie du willst, Huck. Aber wovor hast du eigentlich eine solche Angst?", fragte der Waliser. „Und wie bist du überhaupt auf die beiden aufmerksam geworden?"

Huck schwieg. Dann sagte er: „Ich bin durch die Stadt spaziert. Da schlichen die beiden verdächtigen Kerle vorbei. Ich bin hinterher und hab gehört, wie der Zerlumpte um das Leben der Frau bat. Der Spanier erwiderte, er würde ihr ... Das hab ich Ihnen doch schon erzählt."

„Ja, aber du hast nicht erzählt, dass der taubstumme Spanier etwas gesagt hat!"

Nun hatte Huck einen Fehler gemacht! Doch der Waliser fand so beruhigende Worte, dass Huck volles Vertrauen fasste und ihm die Wahrheit sagte: „Es ist gar kein Spanier. Es ist Indianer-Joe ..."

Allmählich wurden die Ereignisse der Nacht in der ganzen Stadt bekannt. Ausführlich wurden sie in der Kirche besprochen.

Nach dem Gottesdienst sprach Mrs Thatcher Mrs Harper an: „Schläft meine Becky denn den ganzen Tag?"

„Ihre Becky?", wunderte sich Mrs Harper.

„Ja." Mrs Thatcher erschrak. „Ist sie denn nicht bei Ihnen?"

„Nein."

Da trat Tante Polly auf die beiden zu und sagte: „Guten Morgen. Mein Tom ist wieder einmal verschwunden."

„Bei uns ist er nicht", erwiderte Mrs Harper, die nun auch sehr besorgt aussah. Alle drei Frauen ahnten Böses. Ängstliche Fragen wurden an die Teilnehmer des Ausflugs gestellt. Niemand hatte darauf geachtet, ob Becky und Tom bei der Heimfahrt an Bord des Dampfers gewesen waren. Schließlich äußerte jemand die Befürchtung, die beiden seien vielleicht immer noch in der Höhle.

Innerhalb von fünf Minuten war die ganze Stadt in Aufruhr. Hunderte von

Menschen brachen auf, um in der Höhle nach den Vermissten zu suchen.

Eine endlose Nacht lang wartete ganz St. Petersburg auf neue Nachrichten. Aber im Morgengrauen hörte man nur: „Wir brauchen was zu essen und mehr Kerzen."

Als der alte Waliser völlig erschöpft nach Hause kam, lag Huck fiebernd im Bett und fantasierte. Mr Jones bat die Witwe Douglas, sich um ihn zu kümmern.

Einige Stunden später kamen wieder entkräftete Trupps ins Städtchen zurück. In einem Teil der Höhle, der nie zuvor betreten worden war, hatte man die mit Kerzenruß an die Wand geschriebenen Namen Becky und Tom entdeckt.

Ganz in der Nähe war eine Haarschleife gefunden worden. Mrs Thatcher erkannte sie unter Tränen. Was war nur geschehen?

22. Kapitel: In der Höhle

Gemeinsam mit den anderen waren Tom und Becky durch die Höhlengänge gelaufen. Im Kerzenschein lasen sie die Namen und Sprüche, die frühere Besucher mit Ruß an die Wände gemalt hatten. In angeregter Unterhaltung schlenderten sie weiter und merkten nicht, dass irgendwann nichts mehr an den Wänden stand.

Sie schrieben ihre eigenen Namen an eine Wand und liefen dann bis zu einem kleinen Wasserfall. Dahinter entdeckten sie eine enge natürliche Treppe. Sie führte in eine wundervolle Tropfsteinhöhle. Von dort gelangten sie zu einer Quelle, deren Becken mit funkelnden Kristallen besetzt war.

Hier hing eine Unmenge von Fledermäusen von der Decke. Das ungewohnte Licht schreckte die Tiere auf. Tom ahnte die Gefahr, ergriff Beckys Hand und eilte mit ihr in den nächstbesten Gang hinein.

Schon hatte der Flügelschlag einer Fleder-
maus Beckys Kerze gelöscht. Die Tiere
trieben die Kinder vor sich her. Diese flohen
von Gang zu Gang. Endlich hatten sie die
Wesen hinter sich gelassen. Erst jetzt wurde
ihnen bewusst: Sie hatten sich verirrt!

Tom zündete Beckys Kerze wieder an und
rief in die Gänge hinein. Das Echo klang
wie höhnisches Gelächter.

„Bitte, Tom, nicht noch
einmal!", bat Becky.

„Aber vielleicht
hört uns ja jemand."

Aus diesem
„Vielleicht" sprach
ihre ganze Hoff-
nungslosigkeit.

„Ach, Tom!
Warum haben
wir nur keine
Merkzeichen
gemacht?"

„Becky, ich war so ein Idiot! Jetzt können wir den Weg nicht mehr finden!"

Becky sank zu Boden und brach in verzweifeltes Weinen aus. Tom legte die Arme um sie. Er begann sich schreckliche Vorwürfe zu machen. Doch Becky wehrte ab: „Dich trifft nicht mehr Schuld als mich." Sie riss sich zusammen und schlug vor: „Lass uns weitergehen!"

Aber sie hatten erneut keinen Erfolg. Nach einer Weile nahm Tom Beckys Kerze und blies sie aus. Das sagte mehr als Worte – sie mussten sparsam sein.

Die Kinder waren inzwischen völlig ermattet. Dennoch war es ein schrecklicher Gedanke, sich auszuruhen. Anhalten bedeutete, den Tod zu erwarten.

Schließlich aber verließen Becky die Kräfte. Sie setzte sich und schlief ein. Tom beobachtete, wie ihr Gesicht langsam weich wurde, bis sich sogar ein Lächeln darauf ausbreitete.

Noch immer betrachtete er sie, als Becky mit einem glücklichen Lachen erwachte. Doch ihr Lachen erstarb augenblicklich. „Wie konnte ich nur schlafen?", seufzte sie. „Ich wünschte, ich wäre nie wieder aufgewacht ... Nein ... Ich werde so was nie, nie wieder sagen."

„Ich bin froh, dass du geschlafen hast, Becky. Jetzt bist du ausgeruht und wir können den Weg nach draußen finden."

„Wir können es versuchen, Tom. Aber ich glaube, wir kommen eher in das Land, das ich im Traum gesehen habe."

Sie erhoben sich und gingen Hand in Hand weiter. Nach einiger Zeit fanden sie eine Quelle und tranken. Schließlich sagte Becky: „Ich hab solchen Hunger."

Tom zog etwas aus der Tasche. „Erinnerst du dich noch daran?"

Becky lächelte. „Das Kuchenstück, das ich dir zum Aufbewahren gegeben habe."
Tom teilte den Kuchen und gab ihr eine

Hälfte. Becky aß mit gutem Appetit, während er an seinem Teil nur knabberte.

Zum Abschluss des kargen Mahls tranken sie noch ein wenig Wasser. Dann schlug Becky vor, wieder aufzubrechen.

Doch Tom sagte: „Becky, wir müssen hierbleiben, wo Wasser ist. Und dieser Stummel ist unsere letzte Kerze."

Becky ließ ihren Tränen freien Lauf. Nach einer langen Weile flüsterte sie: „Man wird doch sicher nach uns suchen."

„Sicher. Natürlich wird man das."

„Wann werden sie uns vermissen, Tom?"

„Ich weiß es nicht. Aber auf jeden Fall wird deine Mutter dich vermissen, wenn du nicht nach Hause kommst."

Beckys gequälter Gesichtsausdruck zeigte Tom, dass er das Falsche gesagt hatte. Becky hätte doch bei den Harpers übernachten sollen ...

Die Kinder schauten zu, wie der Stummel erbarmungslos schrumpfte. Das Flämm-

chen tanzte, flackerte noch einmal auf –
und dann herrschte tiefe Finsternis.

Keiner der beiden konnte später sagen,
wie viele Stunden Becky in Toms Armen
geweint hatte. Irgendwann erwachten sie
aus einem todesähnlichen Schlaf.

Tom meinte: „Es muss mindestens Sonntag sein. Die Suche nach uns ist jetzt sicher
in vollem Gange." Er rief um Hilfe, aber
in der Dunkelheit klang das Echo schauer-
licher als jemals zuvor.

Die Stunden schwanden dahin. Ein Stück
von Toms Kuchen war übrig geblieben.
Sie teilten es, aber danach fühlten sie sich
noch hungriger.

Plötzlich sagte Tom: „Hast du das gehört?"

Beide hielten den Atem an und lauschten.
Sie hörten ein Geräusch, das sich langsam
näherte.

„Das sind sie!", rief Tom. „Sie kommen!"

Von Freude überwältigt stolperten sie
vorwärts. Schließlich gelangten sie an eine

breite Spalte. In der Dunkelheit war nicht zu erkennen, ob sie drei oder tausend Fuß tief war. Tom legte sich auf den Boden und fühlte mit ausgestrecktem Arm nach unten. Er konnte keinen Grund ertasten.

Sie lauschten wieder. Allem Anschein nach entfernten sich die Rufe. Nach ein, zwei Minuten hörten sie gar nichts mehr.

Tom schrie, bis er heiser war. Vergeblich! Entmutigt tasteten sich die Kinder zur Quelle zurück.

Da kam Tom der Gedanke, die direkt angrenzenden Gänge zu erkunden. Das war sicher besser, als gar nichts zu tun. Er zog eine Drachenschnur aus der Tasche, band sie an einer Felszacke fest und machte sich mit Becky auf den Weg.

Tom ging vorneweg und wickelte Stück für Stück die Leine ab. Plötzlich tauchte, kaum zwanzig Yards entfernt, eine menschliche Hand mit einer Kerze auf! Tom stieß einen Freudenschrei aus. Kurz darauf erschien hinter dem Felsen die vollständige Gestalt – es war Indianer-Joe!

Tom war vor Schreck wie gelähmt. Im nächsten Moment jedoch ergriff der falsche Spanier die Flucht. Wahrscheinlich hatte das Echo Toms Stimme verzerrt. Becky verschwieg Tom, was er gesehen hatte. Er habe nur auf gut Glück gerufen, erzählte er.

Erst viel später schlug Tom vor, einen weiteren Gang zu erkunden. Mit dem Mut der Verzweiflung wollte er Indianer-Joe entgegentreten.

Becky war jedoch inzwischen zu schwach. Sie sagte: „Ich bleibe, wo ich bin, und sterbe. Aber bitte komm immer wieder her. Und wenn es so weit ist, dann bleib da und halte meine Hand, bis alles vorüber ist."

Tom küsste sie. Er spürte ein Würgen im Hals. Dann nahm er seine Drachenschnur und tastete sich in einen der Seitengänge hinein.

23. Kapitel: Das Ende der Trauer

Am Dienstagabend trauerte St. Petersburg noch immer. Die meisten hatten die Suche aufgegeben. Mrs Thatcher war vor Kummer schwer erkrankt. Tante Pollys Haar war schlohweiß geworden.

Mitten in der Nacht aber dröhnten plötzlich die Glocken. Binnen Minuten war ein ganzer Pulk aufgeregter Menschen auf den Straßen. Man schrie: „Kommt alle raus!" – „Man hat sie gefunden!"

Die Menschenmasse wogte dem Fluss zu, den Kindern entgegen, die in einem offenen Wagen saßen. Die Leute umdrängten das Gefährt und zogen in einer jauchzenden Prozession die Straße entlang.

Die kleine Stadt war hell erleuchtet. Alle strömten ins Haus der Thatchers und wollten die Geretteten an sich reißen. Mrs Thatcher und Tante Polly waren so glücklich, dass es dafür keine Worte gab.

Tom lag auf einem Sofa und schmückte das Abenteuer nach Kräften aus. Zum Schluss berichtete er von seiner letzten Erkundungstour: „Ich wollte schon wieder kehrtmachen. Da erblickte ich ein winziges Pünktchen, das wie Tageslicht aussah. Ich tastete mich vorsichtig weiter. Schließlich zwängte ich mich durch ein kleines Loch. Und was glaubt ihr? Genau unter mir strömte der Mississippi vorbei! Dann holte ich Becky. Eine ganze Zeit haben wir dort gesessen und vor lauter Glück gelacht und geweint. Irgendwann sind ein paar Männer in einem Ruderboot vorbeigekommen. Die haben uns mitgenommen, etwas zu essen gegeben und nach Hause gebracht."

Es dauerte ein paar Tage, bis sich Tom und Becky erholt hatten. Erst dann erfuhr Tom von Hucks Krankheit, von den Ereignissen bei der Witwe Douglas und davon, dass in Zimmer 2 des Gasthauses heimlich

Alkohol verkauft worden war. Die Leiche des Gefährten von Indianer-Joe hatte man am Fluss gefunden. Er war wohl ertrunken.

Erst zwei Wochen nach der Rettung aus der Höhle durfte Tom zum Haus der Witwe Douglas. Huck lag dort noch immer krank im Bett. Vorher schaute Tom kurz bei Becky vorbei. Der Richter hatte einige Freunde zu Besuch. Als einer der Herren Tom spöttisch fragte, ob er nicht wieder einmal in die Höhle gehen wolle, erwiderte dieser: „Ich habe keine Angst davor!"

„Das glaube ich", sagte der Richter. „Und weil es noch mehr so leichtsinnige Menschen gibt, habe ich längst eine Tür mit einem dreifachen Schloss am Eingang anbringen lassen."

Tom wurde weiß wie ein Laken. „Ach, Herr Richter! In der Höhle, da war noch Indianer-Joe!"

Diese wichtige Information hatte Tom bisher verschwiegen ...

24. Kapitel: Die Schatzsuche geht weiter

Schnell hatte sich die Neuigkeit herumgesprochen. Dutzende von Booten waren auf dem Weg zur Höhle. Tom saß mit Richter Thatcher in einem der Boote. Als man die Tür zur Höhle öffnete, bot sich ein grausiger Anblick: Mit weit aufgerissenen Augen lag Indianer-Joe tot da. Er war mit dem Gesicht nah am Türspalt gestorben.

Tom war betroffen. Er wusste, wie sehr Indianer-Joe in der Höhle gelitten haben musste. Doch trotz allen Mitleids durchströmte ihn auch Erleichterung.

Herumliegende Fledermauskrallen zeigten, dass Indianer-Joe wohl einige dieser Tiere gefangen und gegessen hatte. Dennoch war er elendig verdurstet und verhungert.

Der so grausam ums Leben gekommene Verbrecher wurde in der Nähe des Höhleneingangs bestattet. Viele Menschen kamen zu seiner Beerdigung – als wollten sie sich selbst davon überzeugen, dass der Gefürchtete tatsächlich tot war.

Am Morgen nach dem Begräbnis nahm Tom Huck beiseite und flüsterte: „Es gibt etwas, das ich noch keinem erzählt habe."

„Was denn?"

„Im Gasthaus war ja gar kein Schatz. Da haben wir uns also getäuscht. Aber ich weiß, wo der Schatz ist. In der Höhle!"

Hucks Augen blitzten. „Sag das noch mal!"

„Das Geld ist in der Höhle! Willst du mir helfen, es rauszuholen?"

„Klar. Lass uns sofort aufbrechen, Tom!"

„In Ordnung. Wir müssen aber noch ein paar Dinge mitnehmen ..."

Kurz nach Mittag „entliehen" die Jungen ein kleines Boot und machten sich auf den Weg. Ein paar Meilen flussabwärts vom bekannten Höhleneingang legten sie an.

„Wir sind ganz nah bei dem Loch, durch das Becky und ich uns gerettet haben. Schau mal, ob du's findest", meinte Tom.

Nachdem Huck eine ganze Weile vergeblich gesucht hatte, zeigte Tom stolz auf ein dichtes Gebüsch und sagte: „Hier ist es. Wir werden es nur Joe Harper und Ben Rogers zeigen. Das ist genau das richtige Versteck für uns Räuber."

Sie machten ihre Schnüre fest und betraten die Höhle. Die Jungen flüsterten nur noch, so bedrückend fanden sie die Stille.

„So, jetzt zeig ich dir was, Huck", flüsterte Tom nach einer Weile. Er hielt die Kerze hoch. „Da hinten ist Indianer-Joe mit seiner Kerze aufgetaucht. Und was siehst du da mit Kerzenruß an die Felswand gemalt?"

„Ein Kreuz!"

„Richtig – und die Nummer 2!"

Hucks Stimme zitterte. „Tom, lass uns verschwinden! Hier spukt sicher der Geist von Indianer-Joe herum ..."

Auch in Tom stiegen nun Zweifel auf. Aber da kam ihm der erlösende Gedanke: „Was sind wir nur für Dummköpfe, Huck. Indianer-Joes Geist kann doch nicht direkt unter einem Kreuz umgehen!" Das leuchtete auch Huck ein.

Unter dem Kreuz entdeckten sie eine kleine Nische in der Felswand, in der ein paar Decken und abgenagte Knochen lagen. Nur eine Geldkiste befand sich nicht hier. Sie suchten alles ab. Vergeblich.

„Er hat doch gesagt ‚unter dem Kreuz'", sagte Tom entmutigt. „Aber der Boden besteht aus Fels."

Im selben Moment fiel sein Blick etwas weiter zur Seite. „Schau, Huck!", rief er. „Da sind Fußstapfen auf dem lehmigen Boden. Lass uns mal dort drüben graben."

Sie waren noch nicht tief gekommen, als Toms Messer auf Holz stieß. Bald kamen ein paar Latten zum Vorschein. Sie verdeckten einen Stollen, der sich bis zum Felsboden unter dem Kreuz zog. Tom stieg hinein und robbte mühsam durch den Gang. Huck folgte ihm. Plötzlich rief Tom: „Huck! Sieh doch!"

Da stand die Schatzkiste! Es war kein Zweifel möglich.

„Wir sind reich, Tom!", sagte Huck und wühlte mit beiden Händen in den Münzen.

Die Kiste war viel zu schwer für sie. Zum Glück hatten sie an Säcke gedacht. Schnell füllten sie das Geld hinein und brachten es ins Boot. Dann ruderten sie vergnügt zurück Richtung Stadt. Kurz vor Einbruch der Dunkelheit landeten sie.

„Wir verstecken das Geld erst einmal im Holzschuppen der Witwe Douglas", schlug Tom vor.

Er holte einen Handwagen, sie luden die Säcke auf und gingen los. Vor dem Haus des Walisers machten sie kurz Rast. Sie wollten gerade weiter, als der Alte aus der Tür trat.

„Ah, ihr zwei werdet schon erwartet."

Wenig später wurden Tom und Huck ins Wohnzimmer der Witwe Douglas geschoben. Alle wichtigen Leute des Städtchens waren versammelt: die Thatchers, die Harpers, die Rogers, Tante Polly, Sid, Mary, der Pastor, der Redakteur der Lokalzeitung und viele andere, alle elegant gekleidet.

Die Jungen aber waren über und über mit Lehm und Kerzenwachs bedeckt. Tante Polly errötete tief, so sehr schämte sie sich für ihren Tom.

Der Waliser erklärte: „Tom war nicht zu Hause. Aber die beiden sind mir zufällig über den Weg gelaufen ...“

„Kommt mit“, sagte Mrs Douglas und führte Tom und Huck hinauf in ein Gästezimmer. „Wascht euch, zieht euch diese Anzüge an und kommt dann runter.“

Was war los? Die Jungen platzten fast vor Spannung.

25. Kapitel: Ein aufregender Fund und eine Überraschung

Huck war es sehr unbehaglich zumute. Als die beiden Jungen allein waren, meinte er: „Ich bin so viele Menschen nicht gewöhnt, Tom. Ich halt das nicht aus, wenn ich wieder da runtermuss."

„Ach was! Ich bin doch bei dir."

In diesem Augenblick erschien Sid. „Tante Polly hat den ganzen Nachmittag auf dich gewartet", sagte er vorwurfsvoll. „Sag mal, ist das da etwa Lehm?"

„Das geht dich gar nichts an. Was ist eigentlich los da unten?"

„Es ist halt eins von den Festen, die Mrs Douglas öfter gibt. Heute ist es vor allem für den Waliser und seine Söhne, weil die sie damals gerettet haben. Und der Waliser will die Leute mit einem Geheimnis über-raschen. Inzwischen ist es allerdings gar kein Geheimnis mehr ..."

„Was denn für ein Geheimnis?"

„Dass Huck den Kerlen nachgeschlichen ist und ihn dann alarmiert hat. Ich glaube, der Waliser will das ganz groß aufziehen. Aber die Neuigkeit verpufft bestimmt." Sid kicherte vor sich hin.

„Hast du es etwa verraten?", fragte Tom wütend. „Sid, es gibt nur einen einzigen Menschen in der Stadt, der gemein genug sein könnte. Du kannst es nicht ertragen, wenn jemand für seinen Mut gelobt wird." Tom versetzte seinem Halbbruder mehrere Ohrfeigen. „So, und jetzt geh petzen, wenn du dich traust."

Wenige Minuten später hielt Mr Jones eine kleine Ansprache. Er enthüllte Hucks mutigen Anteil an dem Abenteuer. Die Witwe spielte überzeugend die Überraschte und überhäufte Huck derart mit Dankesworten, dass dieser sein Unbehagen über den Anzug fast vergaß.

Und Mrs Douglas kündigte an: „Ich will Huck aufnehmen und ihn fördern, soweit es meine finanziellen Mittel zulassen."

Jetzt war Toms großer Moment gekommen. „Das braucht Huck überhaupt nicht!", rief er. „Er ist nämlich reich!"

Huckleberry Finn und reich? Es entstand ein peinliches Schweigen – bis Tom weitersprach: „Huck hat massenhaft Geld. Ich kann's Ihnen zeigen. Nur eine Minute!"

Er lief hinaus, kam mit den Säcken zurück und schüttete die Münzen auf den Tisch. „Na, was hab ich gesagt? Die eine Hälfte gehört mir, die andere Huck."

Der Anblick des Schatzes nahm allen den Atem. Dann aber riefen sie durcheinander, wollten Erklärungen und stellten Fragen.

Tom erzählte. Und es wurde wieder einmal eine lange, spannende Geschichte ...

Man kann sich leicht vorstellen, dass Toms und Hucks Fund das gesamte Städtchen in

Aufregung versetzte. Es gab kein anderes Gesprächsthema mehr! Wo immer sich Huck und Tom zeigten, wurden sie bewundert. Man lauschte voller Ehrfurcht ihren Worten und die Lokalzeitung brachte sogar mehrere Artikel über sie.

Mrs Douglas legte Hucks Geld zinsgünstig an und Richter Thatcher verfuhr auf Bitten von Tante Polly mit Toms Vermögen ebenso. Huck und Tom verfügten nun über ein geradezu unglaubliches Einkommen: Sie bekamen einen Dollar für jeden Wochentag und einen für jeden zweiten Sonntag.

Richter Thatcher hatte eine sehr hohe Meinung von dem Jungen, der seine Tochter aus der Höhle befreit hatte. Begeistert verkündete er, dass aus Tom sicher noch ein ganz Großer werden würde.

Hucks Leben veränderte sich schlagartig. Die Dienstboten der Witwe Douglas sorgten dafür, dass er immer sauber und ordentlich aussah. Er musste Anzüge tragen, mit Messer und Gabel essen und sonntags zur Kirche gehen. Drei Wochen ertrug er dieses Elend, dann war er eines Tages spurlos verschwunden ...

Zwei Tage lang suchte die Witwe Douglas in größter Sorge nach ihm. Am Morgen des dritten Tages durchstöberte Tom ein paar leere Fässer beim alten Schlachthaus. In einem von ihnen fand er den Vermissten. Huck war ungewaschen und in die Fetzen aus seinen glücklichen Tagen gekleidet.

Tom redete auf ihn ein, doch wieder zu Mrs Douglas zurückzukehren.

„Sprich nicht davon, Tom!", sagte Huck tieftraurig. „Es geht einfach nicht. Die Witwe ist freundlich zu mir, aber es ist schrecklich ... Wenn dieses verdammte Geld nicht wäre. Weißt du, was? Nimm einfach meinen Anteil. Du kannst mir ja ab und zu was zustecken. Aber nicht zu oft. Es macht keinen Spaß, wenn man etwas zu leicht bekommt. Und jetzt geh zur Witwe und bitte sie, dass sie mich freigibt."

„Oh, Huck", protestierte Tom. „Du weißt, dass ich das nicht machen kann! Du musst dich nur an dieses Leben gewöhnen ..."

„Nein, Tom, ich mag die Wälder und den Fluss und meine Fässer. Und wir haben doch gerade die Räuberhöhle gefunden ..."

Tom erkannte seine Chance: „Ob reich oder nicht: Räuber werde ich sowieso! Aber wir können nur anständige Menschen in unsere Bande aufnehmen, Huck."

„Als Pirat durfte ich doch auch dabei sein!"

„Schon, aber Räuber sind etwas viel Besseres als Piraten. Die Leute würden sagen: ‚Igitt, in Tom Sawyers Bande gibt es ziemlich heruntergekommene Gestalten.' Das würde dir nicht gefallen, Huck."

Huck kämpfte mit sich. Dann sagte er: „Na gut, ich geh zurück und probier's noch genau einen Monat lang. Aber du musst mich echt aufnehmen, Tom."

„Abgemacht, Huck. Los, komm mit. Ich will auch Mrs Douglas bitten, dass sie nicht mehr so streng mit dir ist."

„Wirklich? Wenn sie nur ein bisschen nachgeben würde ... Aber sag mal, wann gründen wir denn unsere Bande?"

„Heute Nacht! Wir trommeln die anderen zusammen und schwören uns Treue."

„Au ja, dafür bleibe ich bei der Witwe, bis ich schwarz werde. Und wenn ich erst mal so ein richtiger Räuber bin, wird sie stolz sein, dass sie mich aus dem Dreck gezogen hat, oder?"

Da war Tom zwar nicht so sicher, aber er klopfte seinem Freund lachend auf die Schulter.